마법의 생체시계

국립중앙도서관 출판시도서목록(CIP)

마법의 생체시계 : 일 · 건강 · 인간관계- 최고조일 때는 몇 시인가? /
마이클 스몰렌스키 ; 린 램버그 [공]지음 ; 김수현 옮김. -- 인천 : 북뱅크,
2005
  p. ;   cm. -- (북뱅크 비즈니스 : 7)

원서명: The Body Clock guide to better health
원저자명: Smolensky, Michael
원저자명: Lamberg, Lynne
ISBN 89-89863-39-2 03320 : ₩11,000

517.3-KDC4
613-DDC21   CIP2005001586

THE BODY CLOCK GUIDE TO BETTER HEALTH:How to Use
Body's Natural Clock to Fight Illness and Achieve Maximum Health
by Michael Smolensky and Lynne Lamberg.
Copyright ⓒ 2000 by Michael Smolensky and Lynne Lamberg.
Published by arrangement with Henry Holt and Company, LLC. All
right reserved.

일 · 건강 · 인간관계 _ 최고조일 때는 몇 시인가?

마법의
생체
시계

마이클 스몰렌스키 · 린 램버그 지음 | 김수현 옮김

북뱅크

서문

- 처방받은 약을 복용하는 데 최적의 시간은?
- 십대들은 왜 아침 시간을 힘들어할까?
- 운동선수들은 오전과 오후 중 어느 때 컨디션이 최고일까?
- 왜 겨울에 살찌기 쉬운 걸까?

이러한 경향과 특징은 모두 우리들 한 사람 한 사람 속에 내장되어 있는 생체시계의 움직임에 따르는 것입니다.

요즘 의료관계자 사이에 '생체시계'의 구조와 움직임에 관한 연구가 주목되고 있습니다. 생체시계의 구조를 현명하게 통제하면 수면은 물론 시차적응 문제 그리고 다양한 질병에 도움이 된다는 것이 밝혀지기 시작했기 때문입니다.

생체시계에 관해 보다 잘 이해하기 위하여 다음의 15항의 설문에 〈예〉, 〈아니오〉로 답해 보시기 바랍니다.

1. 심장발작은 스트레스가 많았던 날에 일어나기 쉽다
2. 여성은 남성에 비해 생체시계의 작용에 민감하다
3. 체온은 37도가 보통이다

4. 안전한 약이라 할지라도 하루에 여러 차례 복용하는 것은 위험하다

5. 저녁형 인간이라도 노력만 하면 아침형 인간이 될 수 있다

6. 시차적응은 마음먹기 나름이다

7. 인간에게는 8시간의 수면이 필요하다

8. 여성의 팝테스트(자궁경부암 검사)는 월경 주기의 중간이 좋다

9. 시각장애인은 일반인보다 수면장애가 일어나기 쉽다

10. 선잠은 젖먹이와 노인에게만 필요한 것이다

11. 밤에 일찍 자도록 하면 수업 시간에 졸리지 않는다

12. 아침 식사는 가장 중요한 식사다

13. 여러 종류의 약이라도 시간 간격을 두기만 한다면 같이 복용해도 좋다

14. 멜라토닌이란 수면 호르몬을 말한다

15. 졸음운전은 음주운전과 사고건수가 비슷하다

답

1. **아니오.** 가장 심장발작이 일어나기 쉬운 때는 아침, 잠에서 깨어났을 때입니다

2. **예.** 월경 주기가 있는 여성은 생체시계의 영향을 받기 쉬운 경향이 있습니다

3. **아니오.** 체온은 하루 동안 수시로 변합니다(37.5도~37.8도)

4. **예.** 약은 적절한 시간에 복용해야 보다 나은 효과를 기대할 수 있습니다

5. **아니오.** 아침형 인간인가 저녁형 인간인가 하는 것은 유전자

에 의해 결정됩니다

6. **아니오.** 날짜변경선을 통과하면 생체시계에 혼란이 일어납니다

7. **예.** 하지만 대부분의 사람들은 8시간 자지 않습니다

8. **예.** 배란기에 가까울수록 보다 정확하게 진단할 수 있습니다

9. **예.** 시각장애인은 일반인보다 수면장애가 일어나기 쉽습니다

10. **아니오.** 누구든 정오 전후에 졸음이 오는 경향이 있습니다

11. **아니오.** 사춘기가 되면 생체시계가 크게 흔들립니다

12. **예.** 아침 식사가 하루의 에너지를 좌우합니다

13. **아니오.** 약에 따라 각각 가장 효과적인 복용 시간이 있습니다

14. **아니오.** 멜라토닌은 수면 호르몬이 아니라 생체시계를 유지
하도록 작용하는 물질입니다

15. **예.** 졸릴 때는 운전을 해서는 안 됩니다

몇 문제나 맞추었습니까?

생체시계는 애초부터 우리 몸에 내장되어 있는 대단히 중요한 활동입니다. 이 책에서는 생체시계의 기능을 밝혀냄과 동시에 보다 건강한 생활을 하기 위해 중요한 '수면', '식사', '시차적응', '일' 그리고 '성생활'에 관한 최적의 시간과 방법을 소개하겠습니다. 중요한 것은 '물리적인 시간'에 따라 움직이는 것이 아니라 '애초부터 내장되어 있는 자연적인 시간'을 적절히 통제하면서 쾌적한 하루하루를 사는 것입니다.

이 책에서는 다음과 같은 생활의 지혜에 관하여 해설하고 있습니다.

- 하루, 1개월, 1년이라는 기간 동안 천식이나 관절염, 당뇨병이나 두통 등의 증상이 언제 고조되는지를 안다.
- 자가진단 테스트를 사용하여 개인적 증상의 유형을 관찰하고 정확히 파악한다.
- 언제 약을 먹으면 가장 효과적일까? 또 부작용을 최소화시키는 방법을 안다.
- 병의 치료를 어떻게 정확하게 관찰해 나갈까?
- 몸매관리나 스포츠에 가장 적당한 시간대를 안다.
- 질 높은 수면을 취하는 습관을 어떻게 아이들에게 주입시킬 것인가? 그리고 자기 자신의 쾌적한 수면 방법을 안다.
- 이상적인 체중을 실현하고 유지해 나가는 방법을 안다.
- 임신하기에 최적인 시간을 안다.
- 시차부적응을 예방하기 위해서는? 또한 해소하기 위한 방법을 안다.
- 오전 9시~오후 9시 이외의 시간대에서 활동할 때 주의할 점

생체시계에 대한 정확한 지식을 갖고 이를 잘 통제해나감으로써 우리들은 각종 병의 예방에 도움이 되는 방법을 배우고, 보다 쾌적한 생활을 영위할 수 있게 됩니다.

8장 시차부적응을 최소한으로 억제하는 특별한 방법

9장 계획적인 섹스와 안전한 출산을 위해

마법의
생
체
시
계

이 책은 당신의 생물학적 리듬에 따라서 생각과 행동을 할 수 있는 방법을 당신에게 보여 준다. 그것은 요컨대 타이밍의 문제이고, 우리 모두는 타이밍이 모든 것이라는 사실을 알고 있다.

윌리엄 J. M. 흐루쉐스키(의학박사, 사우스캐롤라이나대학 암센터 교수)

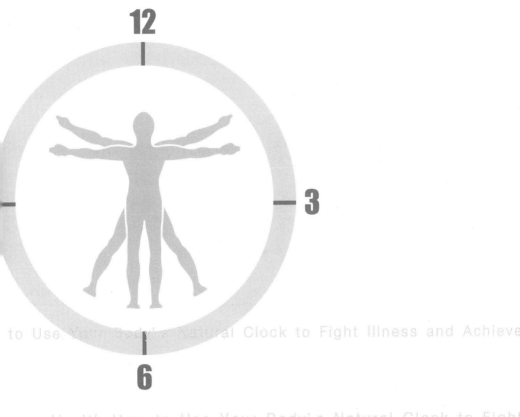

ss and Achieve Maximum Health How to Use Your Body's Natura

「생체시계」의 발견과 그 경이로운 메커니즘 | 1장

k to How to Use Your Body's Natural Clock to Fight Illness and

미모사의 습성이 생체시계의 힌트가 되다

1720년대 초, 파리에 살고 있던 천문학자이자 수학자였던 장 자크 도르투 드 메랑은 어느 여름날 아침 커피를 마시면서, 창가에 놓아두었던 식물이 태양을 향해 잎과 줄기를 뻗고 있는 것을 보고, 문득 '식물은 나와 동시에 눈을 뜨고 있는 것이 아닐까?' 하는 느긋한 생각을 했다. 이것이 생체시계에 대한 최초의 발견이다.

보통 사람이라면 여기서 상상력이 끝났겠지만, 그는 더 나아가 '식물은 단지 태양에 반응만 하고 있었던 것일까?', '인간도 역시 그랬는가?', '만약 그렇다면 인간은 어째서 어두운 곳에서도 언제나 같은 시각에 깨어나는가?', '식물은 태양이 보이지 않으면 어떻게 할까?' 하고 생각을 거듭해나갔다.

이때쯤 커피는 차갑게 식어 있었다. 드 메랑의 상상력이 추측에 머무는 동안 무엇을 했는지 기록에 남아 있다. 그는 창가로 다가가 식물을 들고 어두운 캐비닛으로 가져갔다. 태양빛을 차단하기 위해 문을 닫았다.

그날 밤 손에 촛불을 들고 캐비닛으로 다시 가보니 그 식물의 잎은 오므라들고, 줄기도 밑으로 처져 있었다. 캐비닛으로 가져가는 동안 흔들려서 그런지도 모르지 하는 의문도 들었다. 식물학자에 따르면, 이 식물의 이름은 '신경초'로 알려진 '미모사(학명 Mimosa pudica : 含羞草)'로, 이와 같은 이름은 일몰이나 접촉에 의해 극적으로 수축되는 성질을 보고 1735년 위대한 식물학자 칼 린네가 라틴어를 사용해 처음 명명한 것이었다.

다음 날 아침이 되자 미모사는 다시 고사리 같은 잎을 위로 향해 펼치고 있었다. 그로부터 며칠에 걸쳐 관찰한 결과, 미모사는 아침이 되면 잎을 펼치고, 밤에는 오므라든다는 사실을 알게 되었다. 그리고 다른 신경초로 반복해서 실험해 본 결과 모두 같은 반응을 보인다는 사실을 발견했다. 드 메랑은 이것을 친구인 마르샹에게 말했지만, 결과를 정리하여 학회에 발표하라는 마르샹의 요청을 거부했다. 51세의 드 메랑은 당시 훨씬 더 급박한 연구 과제인 북극의 오로라 광에 몰두했기 때문이다. 아마도 그는 집안에 있는 식물의 행동을 단순한 호기심 이상으로는 보지 않은 것 같다. 그 후 『식물의 관찰』이라고 하는 보고서로서 마르샹이 직접 공표했다.

이 내용은 1729년에 파리에서 출판된 《과학 아카데미 회보》에 한 페이지에 걸쳐 기재되어 있다. 여기서 몇 가지 인용을 해보겠다.
- 우리들은 미모사가 향일성(向日性)이라는 것을 알 수 있다. 잎과 줄기는 빛이 집중하고 있는 방향으로 향한다. 이 특성은 다른 식물에게서도 볼 수 있으나 미모사는 태양이나 태양광선에 더욱 민감하다. 일몰이 가까워지면 잎은 오므라들어 닫힌다. 사람이 만지거나 할 때와 같다.
- 하지만 드 메랑 씨의 관찰에 의하면, 이 반응은 식물이 옥외가 아니더라도, 태양빛을 쐬지 않아도 일어난다. 어두운 장소에 놓아두어도 그 반응이 조금 둔해지기는 하지만 역시 일어난다. 낮에는 잎을 펼치고, 저녁이 되면 항상 잎을 오므리고 밤을 지새운다. 이 실험은 늦여름 무렵, 몇 번에 걸쳐 행해졌다.

이러한 식물의 습관을 기록한 사람은 드 메랑 씨가 처음은 아니다. 약 2천 년 전, 알렉산더 대왕의 인도 원정에 서기로서 종군했던 안드로스테네스는, 타마린드(열대 콩과의 상록수) 나무가 아침이 되면 잎이 펴지고, 밤이 되면 오므라들었다고 기록하고 있다.

만약 드 메랑이 며칠이 아닌 몇 주간 관찰을 계속했다면, 잎을 펼치고 접는 간격이 22~23시간이었다고 하는 사실도 발견했을 것이다.

그리고, 이러한 습성은 식물뿐 아니라 모든 생물에게 공통적으로 나타나는 것으로 인간 역시 마찬가지이다. 확실하게 화수분을 하기 위해 식물은 곤충이 올 때쯤 꽃을 피운다. 박쥐나 개구리도 먹이가 되는 모기나 곤충들이 움직일 때 움직임이 활발해진다. 그리고 인간도 밤보다는 낮에 더욱 활발하며, 여러 가지 체내 기능도 낮에 활발하다.

생체시계는 24+α~25시간의 주기를 가지고 있다

드 메랑과 마르샹의 발견은 식물에서 인간의 습성으로까지 이어졌다. '하루 종일 자고만 있는 환자가 계속 병상에만 있어도, 민감하게 낮과 밤의 차이를 자각하고 있는 것과 관련이 있는 듯하다'고 생각했다.

모든 생물에게는 생체시계로서의 시간조절기능이 갖추어져 있어, 활동적인 시간과 잠드는 시간을 가리키고 있다. 예를 들면 어떤 사람이 자원봉사자로서 몇 주간, 몇 개월간, 창문도 시계도 없는 방 안에서 산다고 해도, 그는 3분의 2에 달하는 시간은 눈을 뜨고 행동하고 나머지 시간은 잠을 자는 패턴을 반복할 것이다.

낮과 밤의 감각을 잃어버린 결과 조금씩 잠드는 시각이 늦어진다. 무의식중에 하루가 24시간보다 조금 길거나 25시간이 되어 간다. 지구의 자전으로부터 하루는 24시간이라고 정해져 있으나, 우리들 인간은 좀 더 유연하다. 이러한 생체시계를 가지고 있음으로써 위도가 다른 곳에서도 살아갈 수 있고, 계절의 변화에도 적응할 수 있는 것이다.

매번 똑같은 시각에 잠드는 사람은 거의 없지만, 매일 거의 비슷한 시각에 일어나는 사람은 많다. 그리고 시차가 있는 나라나 지역을 방문하거나 낮 근무를 야근으로 바꾸는 등 스케줄이 크게 바뀌면, 누구든지 컨디션이 안 좋아지게 된다. 생체시계의 시간조절 시스템은, 이러한 변화에 서서히 적응해 간다. 그래서 밤에 잠이 들지 못하고 낮에 꾸벅꾸벅 졸고, 식사시간도 아닌데 배가 고파지곤 하는 것이다.

드 메랑 그리고 마르샹의 실험으로부터 30년 후, 프랑스의 식물학자 앙리 루이 뒤아멜이 드 메랑의 실험을 반복하기로 결심했다. 우선 그는, 드 메랑이 정말로 빛을 차단했는지 의문이 들어 식물을 완전히 햇빛으로부터 차단시키기 위해 지하에 있는 포도주 저장 창고의 가장 깊숙한 곳에 놓아두었다. 그리고 다른 실험에서는 가죽으로 만든 커다란 상자 안에 식물을 넣고, 그 위에 모포를 덮어 헛간에 놓아두었다. 그 결과, 그는 드 메랑이 얻은 결과와 똑같은 결과에 도달했다. 또, 온실에 넣어 두어도 매일 같은 주기를 유지한다는 것도 발견했다.

"실험의 결과로 말할 수 있는 것은, 신경초의 움직임은 광선이나 열에 의한 것이 아니라고 하는 점이다"라고 뒤아멜은 말했다.

그 후, 1754년에 스웨덴의 식물학자 린네도, 식물이 가지고 있는 매일의 리듬에 대해 기록하고 있다. 그는 정원에, 동이 틀 때부터 해가 질 때까지의 시간을 알려주는 시계를 만들었다. 여러 화단에다 아침에 피는 나팔꽃, 저녁에 피는 앵초꽃 등을 종류별로 심어 서로 다른 시간대에 꽃을 피우게 했다.

그 후, 식물이 어떻게 시간을 인식하는가 하는 관심은 다음 세기에 이르기까지 시들해졌다. 드 메랑의 발견 이후 백 년이 되는 1832년, 스위스 식물학자 오귀스텡 퓌람 드 캉돌은, 식물에게 빛을 계속 쬐어주면 잎이 열렸다가 닫히는 데 대략 22~23시간이 걸린다고 보고했다. 이 패턴은 지구의 1일 24시간에 꽤 가깝지만, 식물이 계절에 의해 변하는 일조시간에 적응할 수 있는 내장된 능력을 보유하고 있음을 보여 주고 있다.

그리고 그는 전등을 일렬로 늘어세워 자연광처럼 만들어 밤과 낮을 바꾸어 보았다. 처음에는 식물들은 혼란스러워하는 듯했지만 며칠 뒤에는 적응하였다. 우리들 인간이 가끔 철야나 야근을 하거나 시차가 있는 곳으로 옮기거나 했을 때 경험하는 일과 같다.

식물이 잎을 위 아래로 움직이기에 생존이 가능하다는 사실을 생물학자 찰스 다윈도 증명하고 있다.

말년에 그는 아들인 프란시스와 함께 방향과 시간, 일조량을 수백 번 바꾸며 식물의 반응을 살펴보는 실험을 계속했다. 이 결과, 낮에 잎을 펼치는 것은 성장에 필요한 일조량을 최대한 받아들이기 위함이며, 밤에는 추위를 견디기 위해 잎을 오므린다는 사실을 알아냈다.

이 발견은 1881년에 출판된 『다윈 : 식물의 운동력(The Power of Movement in Plants)』에 보고되어 있다.

이런 식물의 습성은, 체온을 유지하는 것이 인간 수면의 핵심 기능 중 하나라는 현대 과학자들의 주장과 일치한다.

 ## 생체시계의 정체를 발견하기까지 수십 년이 걸렸다

1920년대부터 많은 연구자들이 식물에서 인간에 이르기까지 생물의 체내에 행동을 일으키거나 제어하는 물질의 존재를 인식하고 있었다.

1960년대에 이르러, 존스 홉킨즈대학 의학부의 커트 리히터는 쥐의 시상하부에 있는 가늘고 긴 작은 조각을 파괴하면 자고, 달리고, 먹고, 마시는 등의 행동이 다른 시간에 일어난다는 것을 발견했다. 시상하부에 중상을 입은 사람도 매일의 습관이 이와 비슷하게 흐트러진다. 1972년에 캘리포니아 버클리대학의 어빙 주커와 시카고대학의 로버트 무어가 이끄는 두 연구팀이, SCN으로부터 전기 혹은 호르몬 신호가 발신된다고 하는 사실을 알아냈다. SCN이라고 불리는 신경세포가 동물의 신체를 지배하는 생체시계라는 사실을 증명하기 위해서, 연구자들은 우선 SCN을 파괴하여 주기적인 습관이 사라지는 것을 관찰했다. 그리고 다른 동물로부터 SCN을 이식해 본 결과, 주기적인 습관이 다시 생겨나는 것을 발견했다.

한편, 오레곤대학의 마틴 랠프는 SCN을 조절하는 것이 유전자라는 것을 발견하는 데 성공했다. 그가 번식실험소로부터 구입한 100마리의 햄스터 가운데, 활동과 휴식의 주기가 20시간인 것이 한 마리 있었다. 다른 햄스터들은 어두운 곳에 놓아두면 움직이곤 하며 그 주기는 24시간이었지만, 이 햄스터만은 그 주기가 4시간 짧았다.

그는 이 햄스터를 번식시켜 짧은 주기로 행동하는 것은 돌연변이에 의한 것이라고 확인한 후, 24시간의 주기를 지닌 햄스터에게 20시간 주기의 햄스터의 SCN을 이식한 결과 짧은 주기로 움직이기 시작했다.

현재, 그는 토론토대학에서, 그 반대의 실험으로도 같은 결과가 도출된다는 것을 확인하고 있다. 즉, 우리들 한 사람 한 사람이 갖고 있는 생체시계의 주기는 '사전에 뇌에 들어있다'는 것이다.

그 이후의 연구로, 각각의 SCN은 신체에서 떼어내도 시간을 지킨다는 것을 알게 되었다. 연구용 접시에 올려놓아도 규칙적으로 깨어나고 잠이 든다. 현재, SCN에 대한 연구는 그 내부를 구역으로 나눠 식별하는 단계에까지 진행되어 왔으며, 각각의 구역이 어떤 영향을 미치는가에 대해서 검토하고 있다.

또, 특정한 주기를 조절하는 유전자도 발견되어 있어, 경쟁 관계에 있는 연구소마다 이들 유전자에 명칭을 붙이는 시합 아닌 시합도 진행되고 있다. 현재, 'CLOCK(시계)'나 'TIM(시간의 줄임말)', 'PER(기간의 줄임말)', 'NOCTURNIN「야행성이라는 뜻)」등의 이름이 있다.

생체시계를 알아내기 위한 여러 가지 관찰 방법

생체시계를 발견하려는 실험은, 1600년경 이탈리아의 의사 상크토리우스가 처음 시도했다. 그는 방과 같은 크기의 체중계를 만들어, 그 위에서 식사를 하고, 일하고, 잠에 들었다. 먹거나 배설하거나 한 후, 체중이 어떻게 바뀌는가를 연구한 것이다. 그 결과, 그는 아침에는 체중이 가볍고, 밤에는 무거워진다는 사실을 발견했다. 또한, 1달 동안 체중이 변화한다는 사실도 알아냈다.

일찍이 시간 생물학자였던 로버트 서던은, 1일 5회 체온과 혈압을 측정하고, 맥박과 2분간의 호흡횟수를 측정하고, 악력과 민첩성을 조사하고, 기분과 활력을 평가하는 등의 측정을 했다. 또한 잠들어 있는 시간과 깨어 있는 시간도 기록하고, 매일 아침 체중을 측정했다. 그는 이것을 30년간이나 계속했다.

그가 수집한 데이터는, 미네소타대학의 연대학(年代學)연구소에서 일하는 한 학생의 과학적 논문의 기초가 되었다. 그것은 '의학적으로 건강한 남성의 25년간의 기록'이었다. 이 논문에서 그가 보고한 것에 의하면, 그의 혈압은 긴 세월에 걸쳐 안정적이었으며 봄과 가을에는 약간 높아졌다고 한다.

또한 그는, '아침에 체온이 높으면 몸이 좋지 않다는 것을 알게된다. 밤에 체온이 높으면 쉽게 잠을 잘 수 없다는 것을 예상할 수 있다', '회의에 나가기 전에는 언제나 혈압이 높아진다. 이것은 스트레스에 대한 반응이지만, 스트레스가 현실에 의한 것이든 상상에 의한 것이든 관계는 없다' 라고도 한다.

의사인 윌리엄 빈은, 35년 이상에 걸쳐 왼손 엄지손가락의 손톱의 성장을 관찰하고, 주기적인 패턴을 기록하고 있다.

우선 월초에 엄지손가락의 손톱의 뿌리 표면에 표시를 했다. 그리고 이 표시가 손톱 끝에 도달하는 데 얼마나 걸리는지를 관찰했다. 우선 처음으로 발견한 것은, 한 손톱의 성장률이 다른 모든 손톱과 일치한다는 점이었다.

37년 반 정도 사이, 표시하는 것을 잊은 것은 두 번뿐이었다. 그의 손톱은 안정적으로 자랐고, 계절의 영향도 받지 않았다. 엄지손가락 손톱이 자라는 데 1973년 당시에는 146일이 걸렸지만, 1977년에는 7일 정도가 더 걸렸다. 나이를 먹음으로써 조금씩 성장속도가 둔해진 것이다. 풍진에 걸렸을 때에는 손톱의 성장속도도 느려졌지만, 치료한 후에는 성장이 다시 빨라진다는 사실도 확인했다.

그는 다른 사람들의 손톱의 성장 속도도 기록하였다. 손톱의 성장 속도는 아이들이 더 빠르고, 따뜻한 기후에 사는 사람일수록 더 빠르다는 것도 발견했다. 손톱을 깨물면 성장 중핵이 자극받는 것에 의해 성장이 20% 정도 빨라진다는 사실도 알아냈다. 또 손과 발에 석고붕대를 하면 그 손, 발의 손톱이나 발톱의 성장이 늦어진다. 손가락이나 발가락에 석고붕대를 하게 되면, 붕대를 한 부분은 손톱 또는 발톱의 성장 속도가 저하되었다.

생물학자인 수 빙클리는 자신의 신체를 이용해 생체시계를 관찰했다. 왼쪽 손목에 기록 장비를 연결한 센서를 부착하고 1년을

지낸 것이다. 햇빛이 잘 들어오는 창문이 있는 침실에서 생활하며, 인공적인 빛은 사용하지 않았다. 남편의 일 때문에 시계의 알람은 아침 5~6시 사이에 울리도록 맞추어져 있었지만, 울리기 전에 일어났다고 한다.

관찰 결과, 그녀는 여름과 비교하여 겨울에는 평균 한 시간 정도 늦게 일어났다. 잠드는 시각은 제각각이었지만, 이것은 겨울보다는 여름 쪽이 더 불규칙했다. 그녀는 스스로 아침에 활발한 편이라 생각하고 있었는데, 조사 결과도 그것을 뒷받침했다. 그녀가 가장 활동적인 시간은 아침 7시 30분경~오후 2시경으로, 주말에는 낮잠을 자는 경우도 많았지만, 그것도 1시간 정도였다.

지금까지 많은 전문가들에 의해 생체시계가 어떠한 주기를 지키고 있는가가 관찰되어 왔다. 생체시계는 마치 지문처럼, 사람에 따라 다른 패턴을 지니고 있다. '아침형'인지 '저녁형'인지를 확인하는 방법에 대해서는 다음 장에서 설명하도록 하자.

 ## 생체시계는 빛에 강하게 반응하는 시계

당초, 생체시계에 대한 연구는 밝은 빛이 있는 곳과 어두운 곳, 혹은 그 양쪽이 뒤바뀌는 환경에서 행해졌다.

하지만 그것은 인간이 불의 사용법을 연구하고, 전기를 이용하는 것을 배운 결과, 조직의 법에 따라 생활하는 것이 의문시되었기 때문이다. 식사시간이나 일하는 시간은, 일정한 규칙이나 법칙에 의해 정해져 있어서 행동도 그에 따르는 것이라 생각되었다.

사실, 1960년대에 행해진 창이 없는 방에 피실험자를 격리하는 실험에서는, 인간은 빛보다는 다른 사회적인 신호에 의존해 생체시계를 맞춘다는 것이 명백하게 증명되었다.

독일 뮌헨의 막스플랑크연구소에서 행해진 실험에서는, 피실험자에게 시계를 전혀 보여주지 않았다. 그들은 몸에서 '시간이 됐다' 라고 알려주면 잠에 들고 깨어났다. 이 상태를 '자유계속리듬' 이라 한다. 전형적으로 하루를 25시간으로 지내게 된다.

또, 다른 몇 가지의 실험에서는 강제적으로 24시간의 주기로 낮과 밤이 오도록 했다. '아침' 이라 가정한 시간에 천장의 전등이 켜지고, '밤' 이 되면 끄는 것이다. 그리고 가끔씩 종을 울려서 피실험자의 소변을 채취했다. 처음에는 빛에 반응하는 듯이 보였다. 하루를 24시간으로 행동하기 시작한 것이다. 하지만 곧 종 신호는 붕괴되고, 피실험자들은 생체시계를 따라 행동하게 되었다.

그 후, 1980년대에 뉴욕의 알버트아인슈타인의과대학의 연구자들이 같은 실험을 했다.

등불을 밝히는 시간과 어둡게 하는 시간을 교대로 반복하는 것이었지만, 그 결과, 인간의 생체시계도 다른 동물과 같이 빛의 신호에 반응한다는 사실을 알 수 있었다. 비슷한 시기에, 국립정신위생연구소의 알프레드 레비 등은 통상적인 방의 전등보다 5~10배 밝은, 햇빛과 비슷한 정도의 밝기에 의해 인간의 생체시계의 주기가 바뀐다는 사실을 발견했다.

1999년 8월 11일, 세계의 여러 지역에서 개기일식이 관찰되었다. 개기일식이 일어나면, 그 경로에 사는 수많은 동물들이 한낮임에도 불구하고 잠이 들지만, 인간은 소란만 떨 뿐이었다. 이것은 빛이 동물 세계의 상당 부분에 영향을 미치고 있음을 보여주는 하나의 예라고 할 수 있다.

몸이 빛에 더욱 민감하게 반응하는 것은 아침 4~5시 정도로, 체온이 가장 낮을 때이다. 이보다 전에 빛을 쬐게 되면, SCN은 아침이 일찍 왔다고 인식하고 행동에 반영시킨다. 반대로, 그 후에 빛을 쬐게 되면, 아침이 늦었다고 반응한다. 체온이 최저가 아닐 때일수록 이러한 빛의 영향은 줄어든다고 생각된다.

이 습성을 이용하여, 조금씩 빨리 일어나도록 습관을 들이는 것도 가능하다. 체온이 낮을 때 일어나서 전등의 빛을 쬔다. 같은 시각에 같은 행동을 반복하면, 출장이나 여행 등으로 아침 일찍 일어나지 않으면 안 될 때에 조절이 쉬울지도 모른다.

빛이 인간의 건강에 중요하다는 사실은 모두가 잘 알면서도 잊고 지내는 사실 중의 하나다. 근대 간호학의 선구자인 플로렌스 나이팅게일은 환자의 얼굴을 빛이 있는 쪽으로 돌려놓아야 한다고 주장했다. 그녀는 햇빛이 드는 방과 열린 창문이 병원에 있도록 운동을 하고 다녔다. 캐나다 에드먼튼 시의 앨버타대학에서는, 심장마비로 병원에 실려 온 사람들을 조사한 결과, 일조가 좋은 방에 있던 사람들이 어두운 방에 있던 사람들보다 생존 확률이 더 높은 것을 발견했다. 또, 우울증 환자들의 회복도 빨라진다는 사실도 알아냈다.

우리들 대부분은 놀라울 정도로 자연광에 노출되는 일이 적다. 샌디에이고 소재 캘리포니아대학(UCSD)의 통계에 의하면, 미국의 가장 햇빛이 많은 주 중의 하나인 샌디에이고에서 중년의 어른이 햇볕을 쬐는 시간은, 심지어 여름에조차 평균 하루 58분이라

한다. UCSD에서는, 생체시계를 유효하게 활용하기 위해서는 하루 3~8시간 정도 밝은 햇볕을 쬘 필요가 있다고 지적하고 있다.

하루 동안, 가능한 한 햇볕을 쬐면서 행동하는 것에 커다란 관심이 쏠리고 있다.

앞이 안 보이고, 알람시계를 이용해 낮 동안 일하고, 규칙적으로 식사를 하는 사람들도, 불면증이나 아침에 일어나기 힘들다는 문제를 지니고 있다. 사회적인 시간의 신호도 햇볕에는 당할 수 없는 것이다.

일반적인 생활에 있어서는, 식사나 약의 복용, 운동의 시간을 일정하게 하는 것으로, 밤에 잠이 잘 들 수 있게 되거나, 스포츠를 잘 할 수 있게 되거나, 병의 예방에도 도움이 된다는 사실이 증명되어 있다.

【「빛」을 감지하는 기관은 눈뿐인가?】

1998년, 뉴욕 병원 코넬의료센터에 의한 보고는, 놀랄 만한 것이었다. 눈이 아닌 무릎의 뒷부분에 대낮과 비슷한 밝기의 빛을 쪼이면, 생체시계를 최대 3시간 정도 앞으로 당기거나, 늦출 수 있다고 한 것이다.

그들이 무릎 뒤편을 고른 이유는, 눈으로부터 멀다는 것과, 혈관이 피부와 가깝다는 이유에서였다. 피실험자들은 어둑어둑한 방에서 거주하며, 정기적으로 등받이 의자에 앉았지만, 모포를 덮은 발에는 조명장비가 묶여 있었다. 피실험자에게는 조명의 점멸

여부를 모르게 했다.

빛의 신호가 어떻게 무릎에서 뇌에 도달했는지는 알려져 있지 않다. 이에 대한 가설 중 하나는, 빛이 화학적 변화를 일으켜 혈액을 통해 전달되었다고 하는 것이다. 혹은 인간에게는 생각과는 달리, 다른 생물, 예컨대 초파리에 가까운 기관이 존재하는 것인지도 모른다.

초파리에는, 시각과 관계없이 빛을 감지하는 기관이 몇 개 더 있다. 《사이언스》지는, 1998년에 생체시계에 대한 최근의 발표를 '자연계에 대한 생각을 크게 바꾸고, 사회에 공헌할 잠재력이 있는 발견'의 Top 10 목록으로 올려놓고 있다.

눈을 사용하지 않고 빛의 신호를 뇌에 전달하는 방법은, 시각장애인이나, 녹내장 혹은 망막 박리로 일반적인 치료가 불가능한 사람들과 심지어 빛을 이용한 치료가 필요한 일반인에게 낭보라고 할 수 있을지도 모른다. 실용화 단계까지는 아직도 더 많은 연구가 필요하다.

 「생체시계」와 「멜라토닌」은 밀접한 관계가 있다

현재, 몸속의 생체시계를 지배하는 것은 뇌에 있는 어떤 종류의 신경세포라고 알려져 있다. 이것은 쌍둥이의 클러스터(cluster, 群集)로 구성되어 있으며, 그 형태는 V 라고 하는 영문자와 유사하다. 인간의 뇌 전체에는 3백억~5백억 개의 신경세포가 있다고 하는데, 이 두 개의 세포군은 각각 5만여 개의 신경세포가 존재한다고 알려져 있다.

이들 신경세포는, 모두 '시교차상핵(視交叉上核, Suprachiasmatic Nucleus)' 또는 SCN이라 불린다. SCN은 눈으로부터 뇌에 정보를 전달하는 신경이 교차하는 '시신경교차(視神經交叉)'의 바로 위에 존재한다. SCN은 콩알 크기의 시상하부 안에 존재한다. 시상하부는 호흡이나 심장 박동수, 체온과 혈압, 호르몬의 생산 등 신체 기능의 중요한 부분을 담당하는 기관으로 몸의 우두머리 분부선이다.

그러면, 생체시계의 활동을 기업에 비유해 보자.

신체 리듬 주식회사의 SCN은 최고경영자이다. SCN은, 눈과 연결된 신경 연락망에 의해 어느 정도의 빛이 이용 가능한지 정보를 얻는다. 정보를 수집, 이해한 SCN은 시상하부나 뇌하수체 등의 부사장들에게 일을 분담시킨다. 부사장들은 뇌의 다른 부분이나 체내 장기 등의 중간 관리자들에게 명령을 내린다. 이 명령은 순차적으로 말단 세포에게까지 전달된다. 현장으로부터의 정보는, 같은 경로를 통해 SCN에게 알려지고, SCN은 그 결과를 분석하여 지시할 일의 내용을 수정한다.

규칙적으로 생활한다면 이 기능은 정상적으로 작동한다.

하지만, 출장이나 여행 등으로 시차를 넘는 비행기에 타거나, 수시로 다른 시간대에 일하거나 하면 실무진들은 당황한다. 그들은 주간담당 매니저와 야간담당 매니저의 양쪽 상관에게서 동시에 명령을 받게 되는 것이다.

그 결과, 일부 사원들은 주간 담당 매니저의 명령에 따르고, 다른 사원들은 야간 담당 매니저의 지시에 따른다. 이러한 내부의 혼란이 여행자가 시차에 적응하지 못하도록 방해하고, 교대 근무자가 새로운 시각에 자고 깨고 하는 것을 괴롭게 만든다. SCN은 이 상태를 원상태로 복구하려 하지만, 그러기에는 며칠에서 몇 주간의 시간이 걸린다.

호르몬 중 하나인 멜라토닌(melatonin)은 인간에게 밤을 알려주는 역할을 한다. 아침형이든 저녁형이든, 멜라토닌이 분비되는 것은 어두울 때이다. 멜라토닌은 잠에 들도록 재촉하는 한편, 야행성 생물에게는 활동 준비를 하도록 지시하는 역할을 수행한다. 일반적으로 멜라토닌은 수면을 유도하는 호르몬이라 생각되어지고 있지만 사실은 그렇지 않다.

멜라토닌을 20년 이상 연구하고 있는 알프레드 레비는 '멜라토닌은 시간을 알려주는 호르몬이다'라고 지적한다.

멜라토닌은 생체시계가 만들어내는 주기를 정하는 것을 도와주며, 인간의 마음과 몸을 주간 상태에서 야간 상태로 변경하는 역할을 한다. 인간이 가장 잠들기 쉬운 때는 멜라토닌의 분비가 자연적으로 시작되는 오후 9시 이후, 2~3시간 동안이다. 멜라토닌의 분비가 최고조에 달하는 때는 새벽 2시경으로, 눈 뜨는 시각 전에 완전히 멈추도록 되어 있다.

멜라토닌은, 시상하부의 바로 아래 있는 콩알 크기의 송과체(松果體, pineal gland)에 의해 생산된다. 저녁때가 되면, SCN은 송과체에게 멜라토닌의 분비를 시작하도록 지시하며, 새벽이 되면 정지하라는 지시를 내린다. 겨울에 밤이 긴 시기에는 멜라토닌이 장시간에 걸쳐 분비되며, 여름같이 밤이 짧은 시기에는 단시간으로 변한다.

이러한 계절의 변화가, 생물에게 하루의 길이를 알려주어 주의를 끈다. 그래서 번식시기가 정해져 있는 동물들은 정확한 시기를 판단할 수 있는 것이다. 이것은, 인간의 생식능력에도 영향을 미친다. 건강한 청년의 경우, 매일 5~25마이크로그램의 멜라토닌을 분비하며, 이것은 이 문장의 끝에 찍는 마침표 정도의 양에 해당한다.

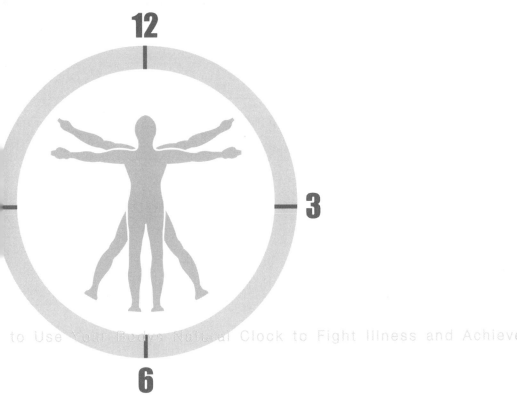

나는「아침형」인가?
「저녁형」인가?
아니면「중간형」인가?

2장

열 명 중 한 명이 「아침형」, 두 명이 「저녁형」, 나머지는 「중간형」

　우리들 열 명 중 한 명은 '아침형'이며, 열 명 중 두 명은 '저녁형'. 그리고 나머지 약 7명은 그 중간으로, '중간형'이라 할 수 있다. 하지만 중간형이라도 아침형의 경향이 강한 사람, 저녁형의 생활 패턴으로 변하기 쉬운 사람이 있다. 중요한 것은 머리카락이나 피부색이 다른 것과 마찬가지로, 이 형태는 우리들 한명 한명의 유전자에 들어 있다는 것이다.

　그럼, 당신은 아침형인가? 저녁형인가? 다음 질문으로 알아보도록 하자.

【아침형 / 저녁형 진단 테스트】

주말이나 휴일에 대답해 주십시오.

〈규칙〉

• 순서대로 모든 질문에 대답해 주십시오.

• 다른 질문에 관계없이 각 질문에 개별적으로 대답해 주십시오.

• 이미 답한 것을 되돌아가 검토하지 마십시오.

1. 하루의 스케줄을 자유롭게 짠다고 한다면, '컨디션이 좋을 때'를 고려하여, 몇 시에 일어나는 것이 좋습니까?

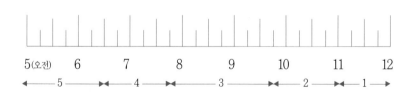

2. 밤을 자유롭게 보낼 수 있다면, '컨디션이 좋을 때'를 고려하
   여 몇 시에 잠자리에 들겠습니까?

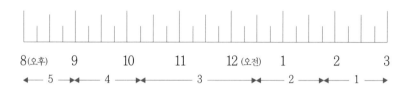

3. 아침 기상시간이 정해져 있을 때, 어느 정도 알람시계에 의
   존해 일어납니까?
   □ 전혀 의존하지 않는다 (4)
   □ 조금 의존한다(3)
   □ 꽤 많이 의존하는 편이다(2)
   □ 전면적으로 의존한다(1)

4. 이상적인 환경에 있다고 할 때, 아침에 일어나는 것이 얼마
   나 쉽게 느껴집니까?
   □ 전혀 쉽지 않다(1)
   □ 그렇게 쉽지는 않다(2)
   □ 꽤 쉬운 편이다(3)

□ 매우 쉽다(4)

5. 아침에 일어나서부터 처음 30분간, 몸의 감각은 어느 정도 민감합니까?

  □ 전혀 민감하지 않다(1)

  □ 조금 민감하다(2)

  □ 꽤 민감하다(3)

  □ 매우 민감하다(4)

6. 아침에 일어나서 처음 30분간, 식욕은 어느 정도 있습니까?

  □ 전혀 없다(1)

  □ 거의 없다(2)

  □ 꽤 있는 편이다(3)

  □ 매우 있는 편이다(4)

7. 아침에 일어나서 처음 30분간, 얼마나 피곤하다고 느낍니까?

  □ 매우 피곤하다(1)

  □ 꽤 피곤하다(2)

  □ 별로 피곤하지 않다(3)

  □ 거의 피곤하지 않다(4)

8. 다음 날 아무 약속도 없는 경우, 평소 잠드는 때 보다 얼마나 늦게 잠자리에 듭니까?

  □ 거의, 혹은 전혀 늦어지지 않는다(4)

□1시간 이내로 늦어진다(3)

□1~2시간 정도 늦어진다(2)

□2시간 이상 늦어진다(1)

9. 무언가 운동을 하기로 결정했습니다. 주 2회, 1시간이 효과
적으로 아침 7~8시가 가장 좋다고 합니다. '컨디션이 좋을
때' 만을 고려한다면, 잘 될 것이라 생각하십니까?

□ 잘 될 것이라 생각한다(4)

□ 아마 잘 될 것이다(3)

□ 잘 되지는 않을 것 같다(2)

□ 잘 되기는 어려울 것이다(1)

10. 밤에 몇 시가 되면 피곤을 느끼고, 잠에 들어야겠다고 생각
하십니까?

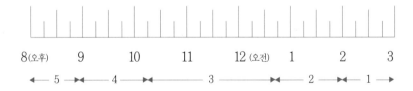

11. 당신은 어떤 시험에서 최고의 점수를 받고 싶다고 생각했습
니다. 이 시험은, 정신적 소모가 두 시간 동안 지속된다고
합니다. 시험을 보는 시간은 자율적으로 결정할 수 있다고
합니다. '최고의 컨디션' 만을 고려한다면, 어느 시간대를
고르겠습니까?

☐ 오전 8~10시(6)

☐ 오전 11시~오후 1시(4)

☐ 오후 3~5시(2)

☐ 오후 7~9시(0)

12. 오후 11시 정도에, 어느 정도 피곤합니까?

☐ 전혀 피곤하지 않다(0)

☐ 조금 피곤하다(2)

☐ 꽤 피곤하다(3)

☐ 매우 피곤하다(5)

13. 다음날, 아무 예정도 없는 날에 평소보다 몇 시간 늦게 잠들었습니다. 지금까지의 경험으로 보아, 아침에 어떨 것 같습니까?

☐ 평소와 같은 시간에 일어나며, 또 잠들지 않는다.(4)

☐ 평소와 같은 시간에 일어나서, 그 후 꾸벅꾸벅 존다.(3)

☐ 평소와 같은 시간에 일어나서, 다시 한 번 잔다(2)

☐ 평소보다 늦게 일어난다(1)

14. 어느 날 밤, 오전 4~6시까지 경비를 서게 되었습니다. 다음 날 특별한 예정이 없다면 어떻게 하겠습니까?

☐ 경비를 끝낼 때까지 자지 않는다(1)

☐ 경비를 서기 전에 선잠을 자 두고, 끝난 후에 잔다(2)

☐ 경비를 서기 전에 잠을 자 두고, 끝난 후에 선잠을 잔다(3)

□ 경비를 서기 전에 충분히 잠을 자 둔다(4)

15. 2시간 정도 육체노동을 하지 않으면 안 됩니다. '컨디션이 최고'인 것만을 고려하여, 어느 시간대를 고르겠습니까?

□ 오전 8~10시(4)

□ 오전 11시~오후 1시(3)

□ 오후 3~5시(2)

□ 오후 7~9시(1)

16. 격한 운동을 하기로 결정되었습니다. 주 2회, 1시간이 효과적으로 밤 10~11시가 적당하다고 합니다. '컨디션이 최고'인 것만을 고려하여, 잘 될 것이라 생각하십니까?

□ 잘 될 것이라 생각한다(1)

□ 아마도 잘 될 것이다(2)

□ 잘 되지는 않을 것 같다(3)

□ 잘 되기는 어려울 것이다(4)

17. 휴식을 포함해서 하루 5시간 일하게 되었습니다. 일이 재밌고, 임금을 생산고에 따라 받는다면 어느 시간대를 고르겠습니까?

12	1	2	3	4	5	6	7	8	9	10	11	12	1	2	3	4	5	6	7	8	9	10	11	12

12(한밤중)　　　　　　　　　　　　　12(정오)　　　　　　　　　　　　　12(한밤중)

← 1 → ◄► 5 → 4 ◄ 3 → ◄► 2 → ◄► 1 →

18. 하루 중 몇 시 경에 컨디션이 가장 좋습니까?

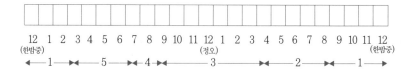

19. '아침형'과 '저녁형'으로 나누었을 경우, 어느 쪽이라고 생각하십니까?

　　□ 틀림없는 아침형(6)

　　□ 저녁형이라기보다는 아침형(4)

　　□ 아침형이라기보다는 저녁형(2)

　　□ 틀림없는 저녁형(0)

〈득점 집계〉

• 답변의 점수는 답변의 우측 또는 눈금의 아래에 있습니다.

• 점수를 계산해서 그것을 아래와 비교해 주십시오.

70~86 틀림없이 아침형

59~69 대략 아침형에 해당

42~58 어느 쪽도 아님

31~41 대략 저녁형에 해당

16~30 틀림없이 저녁형

"A Self-Assessment Questionnaire to Determine Morningness-Eveningness in Human Circadian Rhythms," by James Horne and

Olov Ostberg. International Journal of Chronobiology. London, England : Gordon and Breach Science Publishers Ltd., 1976:4:97-110으로부터 허가에 의해 수록.

신체의 주기에 맞추어 일을 한다

종종 '나는 야행성이다'라고 스스로 말하는 사람들이 있다. 하지만, 인간은 정말로 밤을 본거지라고 주장할 수 없다. 우리들은 낮 동안에 여러 가지 기능을 가장 잘 수행할 수 있도록 프로그래밍이 되어 있다. 어둠 속에서 우리는 아무것도 볼 수 없다. 만일 밤에 일하기 위해 우리의 스케줄을 확 바꾼다고 해도, 자연의 법칙은 속일 수 없다. 생체시계에 있어 밤은 여전히 휴식의 시간. 인간이 도달할 수 있는 영역은, 겨우 아침형, 저녁형이라고 하는 성향뿐이다.

아침형 저녁형의 습성은, 두뇌의 회전이 빠른 것은 언제인가, 잠이 잘 들 수 있는 것은 언제인가 등을 포함해 일상생활에 여러 가지로 영향을 미치고 있다. 이런 습성들은, 식사, 운동, 섹스 등을 언제 하는 것이 가장 알맞은가에 대한 것을 결정짓는다. 또한, 일하는 시간을 고를 때의 판단 기준도 된다. 단, 고를 수 있을 경우의 이야기이지만.

아침형의 인간에게 있어서 바텐더라는 직업은 즐겁지 않을 것이고, 저녁형의 인간이 아침 TV 프로그램의 뉴스 캐스터로 일하는 것은 상당히 힘들다. 아침형인가 저녁형인가 하는 습성은, 우리들이 생각하고 있는 것보다 직업의 선택에 더 큰 영향을 미치고 있는지도 모른다. 예를 들면 병원 응급실에서 일하고 있는 의사들은, 다른 일반적인 의사들보다 인생 중 대부분을 밤에 일하며 보내는 경우가 많다. 그들 가운데 저녁형의 인간이 많다는 것이 이를 입증한다.

1995년에 미국에서 긴급의료에 종사하는 연수의사들에게, 아침형, 저녁형을 진단하는 조사를 실시한 일이 있었다. 미주리캔자스시티대학 의학부의 마크 스틸을 비롯한 연구진은, 2,600장의 조사용지를 배포하여, 2,000장 가량을 회수했다. 그 결과, 대부분의 연수의사들은 일반 사람들과 비교해 저녁형인 사람이 많다는 사실이 밝혀졌다.

그러나, 우리들은 우리가 일을 하는 시간에 꽤 쉽게 적응한다는 것도 사실이다.

예를 들면, 만화가인 스콧 애덤스는, 종일 직업을 갖고 있으면서 『딜버트』를 그리고 있었기 때문에, 출근하기 전 아침 5~7시에 그림을 그렸다. 1995년, 일을 그만두고 만화에 전념하기 시작한 그의 이야기를 들어보자.

"저는 제 자신의 리듬에 맞춰서 살고 있습니다. 정오를 넘어서면 창조적인 일은 절대 하지 않습니다. 오후 늦게 운동을 할 뿐이지요. 만화의 스토리를 생각하는 것은 아침 6~7시까지입니다. 그 뒤엔 몇 시간 동안 그림을 그립니다. 만화에 잉크로 색칠하는 것은 손이 안 떨리는 오후나 저녁때뿐입니다. 아침에는 색칠을 하지 못합니다." 애덤스가 대답했다.

그리고 그는 이렇게 주장했다. "제가 아침형이라고 하는 사실을 발견하고서 저는 제2의 직업을 창조할 수 있었습니다."

1999년, 『딜버트』는 TV 프로그램으로 처음 방영되었다. 우리들은 다시 한 번 그의 이야기를 들어 보았다.

"제 스케줄은 지금 완전히 바뀌었습니다. 헐리우드와 일하게 된 다음부터 말이죠. 그들은 밤의 올빼미입니다. 그래서 저는 매일 밤, 자정까지만 일하거나 쉬고 아침 7시까지 잡니다. 하지만 여전히 오후가 되면 창조적인 일은 하지 않습니다. 그 시간에는 잉크로 채색하기, 스캔하기 등과 같이 머리를 쓰지 않는 일을 합니다." 하고 그는 말했다.

우리들도 그와 마찬가지로, 매일의 스케줄을 '하지 않으면 안 되는 일'과 '하고 싶은 일' 사이에서 타협하면서 살아가고 있다.

예를 들어, 늦게 일어나는 것을 좋아해서 새벽 2시 이전에는 거의 잠에 들지 않던 대학생들도, 졸업하고 주간에 일하는 사회인이 되면 자연히 빨리 자게 된다. 그리고 아이들이 태어나고, 부모가 되면 아침형에 가까운 생활을 보내게 된다. 불만이 있을지는 모르지만, 생활은 변한다. 더욱 나이를 먹어 60대 이상이 되면, 젊었을 때보다 일찍 자고 일찍 일어나는 것이 더욱 편해진다.

하지만, 생체시계가 필요로 하는 패턴에 맞춰 매일 생활할 수 있다면 더욱 기분 좋게, 효율적으로 보낼 수 있을지도 모른다. 최근, 비즈니스계에서는 유동시간제가 늘고 있다. 사원의 희망에 따라 업무의 시작시간과 퇴근시간을 2~3시간 조정하는 시스템이다. 종일제로 일하는 미국의 근로자들 중 약 20%가 유동시간제를 선택하고 있다.

아침형과 저녁형은 하루를 보내는 것이 이렇게 다르다!

미국의 미디어 업계의 거물 마이클 블룸버그는 전형적인 아침형이다. 그는, 자신의 아침형 습성이 처음 일을 시작했을 무렵 크게 도움이 되었다고 말한다.

그가 아직 경영 대학원에 다니고 있을 때의 어느 여름, 그는 매사추세츠주 케임브리지의 한 부동산회사에서 일하고 있었다. 많은 학생들이 가을부터의 생활에 대비해 아파트를 찾으러 왔다. 그들은 아침 일찍 일어나 광고를 체크하고, 약속 시간을 정해서 임대물을 둘러보는 것이었다. 아침 6시 30분에 출근했던 블룸버그는, 그 부동산회사의 사무실에서 학생들이 찾아오는 시간에 혼자 일하고 있었다. 그 결과, 그는 학생들과의 계약에서 압도적인 점유율을 획득할 수 있었다.

졸업 후, 그는 월가의 투자신탁회사 살로몬브라더스에 입사했다. "매일 아침, 7시에는 사무실에 출근했다. 누구보다도 빨리 출근했지만, 빌리 살로몬(창업자의 한 사람)은 예외였다"라고 블룸버그는 자서전에서 말하고 있다.

"그가 성냥을 빌리거나 스포츠에 대해 이야기를 하고 싶어 할 때, 사무실에 있던 사람은 나 혼자였다. 그래서 그는 나에게 말을 걸어왔다. 나는 당시 26세로, 경영자 중 한 사람과 친해졌던 것이다."

마이크로소프트의 창업자 빌 게이츠는 전설적인 저녁형이라고 알려져 있다.

1975년, 아직 하버드대의 학생이었던 그와 친구인 폴 앨런은 소프트웨어를 만들기 위한 설계도를 처음 그릴 때, 5주에 걸쳐 24시간 내내 미친 듯이 일을 했다. "가끔은 컴퓨터 단말기 위에서 자기도 했습니다. 우리들은 그것을 완성시키는 일에 완전히 빠져 있었지요."라고 게이츠는 TV 프로그램 「20/20」에서, 바바라 월터스에게 말했다.

실리콘 밸리는 '잠들지 않는 거리'이다. 여기에선 컴퓨터 판매점에서조차도 먹을 것과 아스피린 등의 생활필수품을 취급하고 있다. 그래서 엔지니어들은 장기간 모니터에서 떨어지지 않은 채 일할 수 있다. 저널리스트 캐티 하프너는 인터넷의 출현에 대해 쓴 그녀의 책을 『마법사들이 밤샘하는 곳(Where Wizards stay up late)』이라고 이름 붙이고 있다.

그러면, 아침형과 저녁형의 인간은 어느 정도 차이가 있을까? 수십 개의 학술 논문에 따르면, 아침형/저녁형의 양 극단에 있는 사람들 사이의 차이가 작은 것은 아니라고 단언한다. 생체시계에 대한 연구에 종사하고 있는 생물학자들은 질문지를 이용하는 대신, '불변의 일상'이라고 하는 기법을 이용하고 있다.

약간 어두운 방 안에, 피실험자를 24~36시간 동안 잠을 자지 않은 상태로 둔다. 그들은 등받이 의자에서 편히 쉬고, 한 시간 간격으로 똑같은 소량의 식사를 하고, 약 3시간에 한 번 휠체어로 화장실에 데려간다.

이 연구의 목적은, 수면이나 육체적 활동, 빛 등의 영향을 받지 않도록 하고, 식사의 영향을 동일하게 함으로써, 순환 주기에 걸쳐 신체의 리듬을 효과적으로 배분하는 데 있다. 이와 같은 연구는 책 위에 긋는 형광펜처럼, 일상의 생활에서 체내에 있는 자연적인 리듬만이 눈에 띄도록 만드는 것이다.

네덜란드의 라이덴대학에서 연구하고 있는 한스 반 동엔은, 평소의 생활과 '불변의 일상' 실험의 양자에서 아침형/저녁형 어느 쪽의 특징을 뚜렷하게 보인 학생들을 추적해 보았다.

이 결과, 아침형과 저녁형은 밤과 낮만큼이나 커다란 차이점이 있다는 것을 발견했다. 그 차이점은 각각의 기질의 일부이며, 단순한 일상생활의 반영이 아니라고 그는 결론을 내리고 있다.

그럼, 아침형과 저녁형은 얼마나 서로 다른지를 설명해 보겠다.

아침형-저녁형의 커플은 서로 잘 어울릴 수 있는가?

미국 연재만화 『샐리 포스』에서는, 샐리는 저녁형이고 남편인 테드는 아침형이다. 그런 두 사람의 생체시계의 차이가 실로 재미있는 에피소드로 발전한다.

한 컷을 보면, 어느 날 샐리는 잠옷 차림으로 세면대에 몸을 굽히고 있다. 일어난 지 얼마 안 되어 머리카락은 부스스하다. 테드는 그에 상관하지 않고 계속 이야기를 한다. "오늘 날씨가 참 좋군 그래. 뒤뜰에서 체조를 하고, 아침식사도 바깥에서 했지. 신문을 봤는데, 주식이 10포인트가 올랐더군. 어젯밤, 트윈즈의 시합 들었어? 대단했어! 9회 말에 주자가 말이야…" 갑자기 샐리가 입을 연다. "당신 같은 아침형 사람들은 경고 딱지를 붙여둬야 해. 그러면 나 같은 저녁형들이 결혼 전에 당신들이 어떤 사람들인지 알 수 있을 테니까."

샐리 포스를 만든 그렉 하워드는, 근본적으로 다른 신체 리듬을 의도적으로 샐리와 포스에 투영시켰음을 인정한다. "우리 부부의 이야기를 본뜬 것은 아니죠. 만화 속에서 아침형과 저녁형의 긴장 관계는 재미있습니다만 꾸며낸 이야깁니다. 실제 생활에서, 우리 부부는 30년 결혼 생활 동안 10~15분 차이를 두고 거의 같은 시각에 잠들고 일어납니다. 오랜 기간 함께 지내는 커플들에게 종종 있는 일입니다만, 두 사람의 습관이 서로 섞여 버려, 나중에는 어느 쪽이 어느 쪽의 습관에 맞춘 건지 기억조차 나지 않게 됩니다."

하지만, 저서 『서로 다른 날개를 지닌 새들의 습성 비교(Birds of a Different Feather : Early Birds and Night Owls Talk about Their Characteristic Behaviors)』에서 400인 이상의 사람들을 조사한 캐롤린 슈어에 의하면, 아침형/저녁형의 차이는 결혼생활의 파국을 불러올 가능성도 있다고 한다.

"당신은 날 사랑하고 있지 않아. 같이 일어나서 아침도 같이 먹어주질 않는 걸." 하고 아침형은 말한다. 한편, 저녁형은 "정말 내가 하고 싶어 하는 일에 흥미가 있다면, 오늘 밤에라도 나와 같이 가 보자고." 하고 주장(?)할지도 모른다.

그녀의 말에 의하면, 잘 어울리고 있는 커플들은 서로의 차이점을 받아들이고, 적응하는 방법을 찾아낸다. 예를 들면 TV 프로그램은 녹화해 두고, 서로 같이 볼 수 있는 시간에 함께 볼 수 있을 것이다. 하지만 생체시계의 리듬이 서로 맞지 않는 경우, 식사, 잠

【아침형과 저녁형은 얼마나 다른가?】

아침형	특징	저녁형
정오경	가장 민첩한 시간대 (본인 통보)	오후 6시경
늦은 아침	가장 생산적인 시간대 (본인 통보)	늦은 밤
오후 2시 30분경	가장 활동적인 시간대	오후 5시 30분경
오전 9시~오후 4시	최고의 기분	오후 8시~10시
오후 3시 30분경	체온이 가장 높을 때	오후 8시경
대부분 60대 이상	연령	대부분 대학생 혹은 20대
오후 10시경 곧 잠든다	취침시간	잠드는 시간은 제각각. 주말에는 밤을 새기도 한다.
일어나고 싶을 때 일어난다	기상시간	평일은 아침형과 비슷한 시각에 기상. 휴일은 1, 2시간 늦게 일어난다.
필요 없음	알람시계의 사용	알람시계 몇 개가 필요
오전 3시 30분경	체온이 가장 낮을 때	오전 6시경
커피잔으로	매일의 카페인 섭취	커피포트로 여러 병
보다 내향적 (아직 논쟁 중)	성격	보다 외향적
가장 알맞는 때는 낮 근무시간	교대제근무의 적응성	가장 알맞은 때는 저녁근무. 밤근무나 윤번제교대에서 잘 견딘다.
시차에 적응하기 힘들어한다.	여행	시차의 변화에 좀 더 쉽게 적응. 특히 서쪽으로 향할 경우가 쉽다.

드는 시간, 쇼핑, 아이들을 돌보는 일 등에서 하루에도 몇 번이나 충돌할 위험이 있다.

몇몇 연구에 의하면, 생체시계의 주기가 서로 맞지 않는 커플은 서로 일치하는 커플에 비해 다음과 같은 말로 결혼생활의 어려움을 토로하고 있다. "제 남편은 상점이 열리기도 전에 도착합니다", "제 아내는 아침이 되면 시무룩해져요", "저는 남편하고 아침을 같이 먹은 적이 없어요. 그는 일어나는 것이 너무 늦습니다"

브리검영대학의 심리학자 제프리 라슨 등의 연구팀은, 3개의 주에서 150개 조의 중류층 커플을 조사하여 아침형과 저녁형의 습성을 알아보았다. 대부분 대학에서 공부한 경력이 있으며, 20대 후반에 결혼하여 평균 6년이 되었고, 두 명의 자녀가 있는 가정이었다.

우선, 아침형과 저녁형으로 서로 일치하지 않는 커플이 82쌍이 있었다. 이 그룹들 중 1/3의 커플이 결혼생활에 어려움을 느끼고 있었고, 일치하는 커플들에 비해 매주 언쟁이 많았다고 한다. 이에 비해 형태가 일치하는 68쌍의 커플들의 경우, 12쌍 중 한 쌍만이 부부간에 문제가 있다고 답하는 데 그쳤다.

아침형/저녁형이 일치하는 커플들은, 하루에 거의 한 시간가량 진지한 대화의 시간을 가졌는데, 이것은 일치하지 않는 커플들에 비해 15분 더 많았다. 그리고 일치하는 커플들은 일주일에 7시간 정도 함께 활동하지만, 일치하지 않는 커플들의 경우 이런 시간이 3시간 이하라는 결과가 나왔다.

파트너가 두 명 모두 아침형인 커플들은 아침에 섹스하는 경우가 많았고, 두 명 모두 저녁형인 경우에는 밤에 하는 경우가 많았다. 하지만 전체적으로 보면, 아침형 커플이든 저녁형 커플이든 아침보다는 밤에 섹스를 하는 경우가 많았고, 평균적으로 주 2회 였다.

이 결과를 두고, 결혼한 커플들은 일반적으로 함께 있는 시간을 좋아하고 상호간의 대화를 원하고 있으며, 주야의 경향이 일치하는 커플들이 부부간의 조정이 원활하게 이루어지고 만족도가 높다고 라슨은 분석하고 있다.

성향이 일치하지 않는데도 결혼생활이 행복하다고 대답한 커플들은, 일치하는 커플들에 비해 문제를 해결하는 데 유연성이 높다고 한다.

그는 "서로에게 강하게 끌리고 있고, 다른 점에서는 잘 일치하는 커플들로, 문제해결이 원활한 경우에만 일치하지 않는 리듬이 일으키는 문제를 처리할 수 있을 것입니다"라고 말하고 있다.

아침형, 저녁형의 타입을 바꾸는 결정적 방법

밤에 좀 더 깨어 있고 싶은 아침형 인간, 좀 더 아침 일찍 일어나고 싶어 하는 저녁형 인간들은, 최초의 생체시계에 대한 연구 성과를 적용해 보자. 그렇게 하면 쉽게 자신의 타입을 바꾸는 것이 가능하다. 물론, 이런 방법들을 시험해 보아도, 원래 자신이 지니고 있는 기본적인 습관이나 타입을 근본적으로 바꾸는 것은 어렵다. 하지만 좀 더 유연하게 몸을 순응시키게 하는 데에는 어느 정도는 도움이 될 것이다.

▶ 당신이 아침형이라면

• 오후나 이른 저녁 일찍 밖에서 지낸다

이렇게 하면 밤늦게까지 일어나 있을 수 있고, 아침에도 늦게까지 잘 수 있을지도 모른다. 특히, 오후 8시에 잠들어서 새벽 3시에 눈이 떠지는데 아무것도 할 것이 없다는 고연령층 사람들에게는 도움이 될 것이다.

• 밤에 할 일을 늘린다.

산보나 가벼운 체조 등은 몸을 민감하게 하는 데 도움이 된다. 사람과 만나는 것은 독서나 TV를 보는 것보다 좀 더 자신을 활발하게 만들어 줄 것이다.

• 블라인드나 커튼을 치고 잔다

'완전히' 빛을 차단할 수 있는 커튼을 사라. 어둠은 뇌에게 아직 밤이라고 알려주며, 밤은 자는 시간이라고 알려줄 것이다.

• 희미한 전등을 켜둔다

밤에 일어나지 않으면 안 될 때를 대비해 복도나 화장실에 약한 전등 등을 달아 놓는다. 단, 밤이 되어도 '상식적으로' 자야 할 시간까지 깨어 있을 수 없다고 한다면, 의사에게 진단을 받아 보는 편이 좋을 것이다. 적어도 오후 9시까지 깨어 있기가 어렵고, 언제나 새벽 3시나 4시쯤 눈을 뜨며, 그 뒤로 잠드는 것이 어렵다고 한다면 의사와 상담해 보아야 한다.

이 습관이 몇 년에 걸쳐 계속되고, 게다가 중년 이후에 접어들면서 일어났다면, '수면위상전진증후군(睡眠位相前進症候群, advanced sleep phase syndrome)'이라 불리는 병일 가능성이 있기 때문이다.

▶ 당신이 철저한 저녁형이라면

• 블라인드나 커튼을 걷어놓은 채 잠든다

햇빛에 자연스레 눈이 떠지게 한다. 단, 만일을 위해 알람시계도 맞춰 놓도록 한다. 안전을 위해, 두 개 맞추어 놓는 것이 좋을 것이다.

• 눈을 뜨면 밖을 거닌다

태양빛에 닿게 되면, 그 날은 일찍부터 민감한 감각을 지닐 수 있다. 칫솔을 갖고 밖으로 나가는 것도 좋겠다. 밖에 나갈 수 없다면, 집 안에서 가장 햇볕이 잘 드는 창 옆에서 커피를 마시거나, 태양빛에 가까운 인공적인 빛을 내는 조명기구를 쓰기만 해도 효과가 있을 것이다.

• 시계를 몇 분 빠르게 한다

저녁형 인간은, 하지 않으면 안 되는 일들을 최후의 최후까지 미뤄 놓는 경향이 있다. 아슬아슬하게 될 때까지 움직이려 하지 않기 때문에, 밖에서 아침식사를 하거나, 20분 정도 산보를 하기 위해 일찍 일어나는 것은 힘들 것이다. 그래서 시계를 몇분 정도 빠르게 해서 자기 자신을 속이면 좋다. 눈을 감고 시계를 빠르게 해 놓으면, 5분 빨라졌는지 15분 빨라졌는지 알 수 없으니 더욱 좋다.

• 매일 아침, 같은 시각에 일어난다

주말이나 휴일이라도 같은 시각에 일어난다. 그러면, 생체시계를 원하는 시각에 고정시킬 수 있다. 밤에 자는 것이 늦어져도 다음 날에 늦잠을 자지 않도록 한다. 만약 잠이 모자란 듯하면 낮 시간에 20분 정도 낮잠을 자면 된다. 그 날 밤은 충분히 빨리 자도록 한다.

- **전날 밤에 할 수 있는 일은 해둔다**

  다음 날 입을 옷을 골라 놓고, 아침식사 준비를 해 둔다. 아침에 할 일의 순서를 매겨 두면, 아침이 돼서 무엇을 해야 할까 하고 생각하지 않아도 되고, 재빨리 행동할 수 있다. 졸린 것 같다면, 준비하면서 몸을 움직여서 몸이 민감하게 되기를 기다리자.

- **밤을 조용하게 보낸다**

  밤늦게부터는, 몸을 움직이거나 새로운 계획 등을 생각할 것. 또, TV도 될 수 있으면 보지 않는 것이 좋다. 독서를 하거나, 음악을 듣는 것은, 천천히 잠들기 위해 좋은 습관이다. 잠들기 전에 우유나 과일 같은 간식을 먹는 것을 습관화하는 것도 좋다.

- **화장실의 밝기는 약한 빛으로 한다**

  밤중에 화장실에 갔을 때, 잠이 확 깨지 않도록 한다.

  단, 새벽 3~4시까지 잠이 들지 않는다면, 의사에게 진찰을 받아 보는 것이 좋다. 그리고 한낮이나 오후가 되어 잠이 들어 버린다면, '수면위상후퇴증후군(睡眠位相後退症候群)'일지도 모르니 주의해야 한다.

만일 오른손잡이라면, 왼손을 사용하는 것을 배울 수 있을 것이다. A형 행동양식의 인간(주:긴장하여 성급하게 경쟁적인 것이 특징으로, 관상동맥계의 심장병을 일으키기 쉽다고 한다)이라면, 느슨하게 쉬는 것을 배울 수 있을 것이다. 뚱뚱한 사람이라면 살을 뺄

수도 있을 것이다.

이와 같이, 아침형 또는 저녁형 어느 쪽이라 해도 직장이나 가정, 사회생활에 맞추어 스케줄을 소화해낼 수 있게 된다.

하지만, 자신의 생체시계를 따르지 않고 행동하지 않으면 안 될 때, 상당한 불쾌감을 느끼는 사람도 있다. 예정대로 행동하는 것이 불가능이라 할 정도는 아니지만, 매우 어렵게 느껴질 것이다. 하지만 그것은 병은 아니다. 게으름쟁이도 아니다. 동기가 부족한 것도 아니다. 이것은 체내의 시스템에 의한 문제이기 때문이다.

다행히도 사회는 점점 24시간 체제가 되어 가고 있고, 아침형, 저녁형, 중간형 중 어떤 타입이라고 해도 자신에게 맞는 시간대를 선택할 수 있을 정도로 많은 기회와 장소가 준비되고 있다.

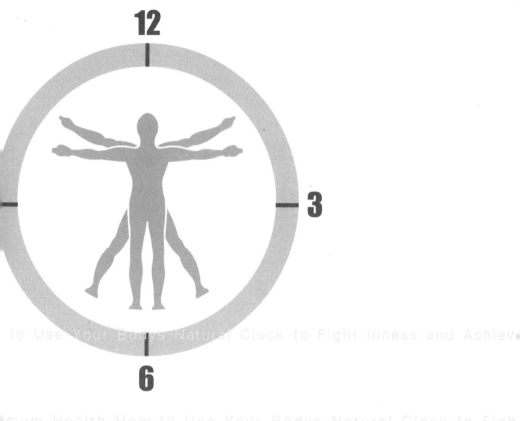

ss and Achieve Maximum Health How to Use Your Bodys Natural

우리들의 성장과 함께 변화하는 「생체시계」 3장

k to How to Use Your Bodys Natural Clock to Fight Illness and

eve Maximum Health How to Use Your Bodys Natural Clock to

Illness and Achieve Maximum Health How to Use Your Bodys

아기들도 「생체시계」가 있다!

　엄마의 태내에 있을 때부터, 아기는 일정한 주기로 조용한 수면과 활동적인 수면을 취한다. 세상에 태어나게 되면 불규칙하게 잠들고 깨어나는 것처럼 보일지도 모르지만, 태어난 지 이틀째가 되면 병원 안에 있어도 뚜렷하게 낮보다 밤에 오래 자는 경향을 보인다. 건강한 신생아의 경우 하루 16~18시간을 자며, 2~3시간마다 젖을 먹는다.

　처음 아이를 낳은 부모는, 자칫하면 자신들의 스케줄에 맞춰 아기를 다루기 쉽다. 하지만 많은 전문가들이 지적하고 있는 것처럼, 아기들이 원할 때 젖을 먹이고, 자고 싶어 할 때 재우는 것이 좋다.

　그리고, 아기에게 사회적인 규칙을 따르도록 한다. 낮에는 말을 걸기도 하며 함께 놀아준다. 밤에는 아기의 상태를 보면서, 놀아주지 않는다. 다른 식구들과 마찬가지로 매일 정해진 시간에 깨우고 재우며, 적어도 하루에 한 번은 함께 식사를 하게 되면, 아기는 금세 가정에서 일어나는 일이나 소리 등을 인식하게 된다. 동시에, 목욕을 하거나 이야기를 들려주는 등의 습관도 들인다.

　중요한 것은, 아침에는 블라인드나 커튼을 걷고 밤에는 치는 것으로, 하루의 시간이 어떻게 돌아가는 것을 가르치는 것이다. 정해진 시간에 모유를 먹이는 것도 시간의 기준이 될 수 있다. 어머니로부터의 멜라토닌이 아기가 리듬을 맞추는 데 도움이 되는 것이다. 이러한 습관을 들이는 것으로 아기는 가정의 스케줄에 적응하게 된다.

전문가에 의하면, 이렇게 습관을 들이는 것이 처음부터 스케줄을 강요하는 것보다 잘 먹고 잘 자며 우는 일도 적다고 한다.

어떤 연구에서, 미국과 네덜란드에서 부모의 육아 스타일을 비교한 적이 있었다. 그 결과에서는 미국의 부모들이, 매일 아기들을 어루만지며 말을 거는 경우가 많고, 밖에 데리고 나가는 일도 많았다.

반면, 네덜란드의 부모들은 아기에게 혼자 지내는 시간을 많이 가지게 하여 독립심을 키운다. 미국의 아기들은 낮에도 밤에도 활발한 상태에서 보내는 시간이 많았다. 생후 6개월이 지나면, 미국의 아기들은 밤이 되면 8~9시간 정도 잠이 들거나 조용히 쉬지만, 네덜란드의 아기들은 10시간 정도를 쉰다.

수면에 대한 연구자 중 한 사람인 케이트 맥그로는, 아들 타일러가 태어나자 생후 4개월까지 아기의 생체시계를 관찰하는 실험을 했다.

우선, 아기가 잠이 들었을 때와 잠에서 깰 때, 식사를 시작하는 때와 끝내는 때를 기록했다. 처음에는 모유를 먹이고, 적절한 시기가 되자 이유식으로 바꾸었다. 또, 1시간마다 체온을 재고, 일주일에 한 번, 타액을 채취하여 멜라토닌의 분비를 확인했다. 외출 혹은 병원에 가는 것도 기록했으며, 이러한 일들이 아기의 습성에 어떠한 영향을 미치는지 조사했다. 아기는 자연적인 햇볕을 쬐며 생활하도록 하였다.

이 결과, 태어나서 일주일째까지 밤이 되면 체온이 가장 낮아진다는 사실을 알 수 있었다. 2주째가 되자 밤이 되면 오래도록 잘 자게 되었다. 2개월이 되자 하루 중 오전과 저녁 두 번, 90분~2시간 정도 눈을 뜨게 되었다. 낮에는 좀 더 짧은 간격으로 꾸벅꾸벅 졸았다. 멜라토닌의 레벨은 6주째부터 밤이 되면 상승하여, 밤과 낮을 구별할 수 있게 되었다. 그리고 2개월째의 마지막 즈음에는 해가 진 후부터 해가 뜰 때까지 잠에 들게 되어, 낮에 눈을 뜨는 횟수가 늘어나고 시간도 짧아졌다.

처음의 14주째까지 아기는 일몰과 동시에 잠이 들었다. 그 후는 가족의 스케줄에 적응하게 되어 좀 더 늦게 자게 되었다. 여름의 서머타임이 끝나서 가족들이 한 시간 늦게 잠들자, 아기도 그렇게 되었다고 한다.

또, 한 병원에서 두 미숙아보육실을 비교한 연구도 있다. 아기들은 24시간 체제의 집중간호를 필요로 하고 있었는데, 한 쪽의 보육실에서는 불을 계속 켜 두고 떠들썩한 환경을 유지했다. 다른 한 쪽의 보육실에는 저녁 7시~아침 7시까지 불을 끄고 조용한 환경을 만들었다.

그 결과, 후자의 보육실에 있던 아기들이 오래 잠들고 체중이 늘었으며, 집에 돌아간 후에도 전자의 아기들보다 성장이 빨랐다고 한다.

 ## 1~6세는 적절한 스케줄을 익히는 시기

생후 12~15개월이 되면, 유아는 하루에 15시간 정도를 자게 되지만, 잠드는 것은 밤이 된다. 유아에 따라서는 오전 중에 조는 것은 없어지기도 하지만, 2~6세가 되면 대부분의 아이들이 오후 2시간 정도 낮잠을 잔다.

소아과 의사인 마크 와이스블루스는, 약 2백 명의 아이들의 낮잠을 자는 습관을 유아 시기부터 7살이 되는 생일 때까지 추가조사를 실시했다.

'적당한 낮잠을 자는 것은 건강상 유익한 습관이다. 낮잠을 잘 자는 아이들이 산만하지 않고, 적응성도 뛰어나다. 그런 아이들은 졸거나, 밤이 되면 무기력해지는 등의 문제가 거의 없다' 라고 한다.

어릴 적에 하루의 주기를 가르치기 위해, 밤은 잠자는 시간이며 낮은 일어나 노는 시간이라고 이야기하는 것이 중요하다. 잘 때는, 침대 위에 눕히고 이불을 덮어주면, 침대가 자는 데에 최적의 장소라고 가르칠 수 있다.

TV 앞에서 아이를 졸게 해서 침대로 옮기는 것은 하지 않는 것이 좋다고 심리학자인 조디 민델은 『밤 동안 잠들다(Sleeping through the Night)』에서 충고하고 있다. 그보다는 잠들 시간에 좋아하는 이야기를 읽어 주는 것이 좋다고 지적한다. 익숙한 이야기라면 긴장을 풀 수 있기 때문이다. 새로운 이야기는 대낮에 이야기해주는 것이 좋다.

잠드는 시간을 부모의 뜻대로 하는 것은 어렵다.

보통 아이들은 잠은 잘 들지만, 그러나 부모가 원하는 시간보다 늦게 잠자리에 들거나 일찍 일어난다. 부모도 일정 부분 여기에 책임이 있다. 『아이들의 수면문제를 해결한다(Solve your Child' s Sleep Problems)』의 저자 보스턴소아병원의 리처드 퍼버는 말한다. 어떤 어머니가 아이를 오후 8시 30분에 침대에 재웠지만, 잠들지 않았다. 결국, 밤 11시까지 부모와 함께 TV를 보았다. 그렇게 하면 다음날 아침은 오전 9시까지 재우게 된다. "만약 부모가 규칙적으로 아침 7시에 이 아이를 깨웠다면, 이 아이는 좀 더 빨리 잠이 들었을 것이다"라고 한다.

그에 의하면, 유아의 대부분은 시계에 관심이 없기 때문에, 졸린 때에 재우고, 며칠간 억지로 재우지 말고, 조금씩 빨리 깨우고, 빨리 재우는 것이 좋다고 한다. 이것을 아이에게 맞는 스케줄이 될 때까지 계속하면 좋다고 한다.

또한, 밤에 자다가 깨버리는 아이들의 경우는, 아침에 빨리 깨우고 오후의 낮잠을 짧게 줄이는 것이 좋다고 한다.

반대로, '너무 빨리' 일어나 버리는 경우는 늦게까지 깨워두는 것뿐 아니라, 식사시간도 중요하다고 한다. 아이가 일어나면 곧 먹을 것을 주어서, 빨리 잠이 깨도록 자극하고 있는지도 모르기 때문이다. 그는 "어느 날 아침 5시에 식사를 한 아이는, 다음날에도 아침 5시가 되면 배가 고파진다. 오전 6시 이후로 아침식사를 늦추는 것이 좋다"라고 한다.

 ## 7~12세는 외부로부터의 자극에 민감

사춘기 이전의 아이들은 낮에는 활발하고 밤에는 곧 졸려져서 푹 자곤 한다.

독립심이 높아짐에 따라서 자는 시간을 늦추고 TV를 보고 싶다고 할지도 모른다. 부모는 좋아하는 TV 프로그램을 보면 잠을 잘 잘지도 모른다고 생각하겠지만, 몇몇 연구결과들은 이것이 수면을 방해할 가능성이 높다는 것을 보여주고 있다.

어떤 조사에 의하면, 교외에 사는 중류 가정 중 유치원생부터 초등학교 4학년까지의 5백 명 중, 4명에 한 명 꼴로 침실에 TV가 있다. TV를 가지고 있는 아이들은, 가지고 있지 않은 다른 아이들보다 수면에 무언가의 장애를 일으킬 확률이 높다는 것이 증명되어 있다. 구체적으로, 자기 싫어하거나 좀처럼 잠에 들지 못하거나, 수면에의 불안, 충분히 잘 수 없는 등의 증세들이 있다. 교사들에 의하면 이런 아이들은 수업 중에도 졸린 듯하다고 한다.

하즈브로소아병원과 브라운대학의학부의 주디스 오웬즈 등은, 부모가 폭력적인 TV 프로그램을 못 보게 하고, 시청 시간을 제한함에도 불구하고 TV를 보여주면 수면에 문제가 생긴다고 지적한다. 아이들은 평균 하루에 2시간 정도 TV를 보았지만, 이것은 조사에 보고되어 있는 미국의 동일 연령층 아이들보다도 적은 시간이었다.

또, 아이들은 7~9세가 되면 꿈을 꾸기 시작한다고 한다.

애틀란타주의 조지아정신건강연구소에서 장기간에 걸쳐 아이들의 꿈을 조사한 데이비드 폭스는, 그들의 꿈은 아마도 깨어 있는 상태에서 생기는 것이라고 말한다.(『아이들의 꿈과 자아의 발달(Children's Dreaming and the Development of Consciousness)』) 예를 들면, 아이들은 어둠 속에서 혼자 깨어난다. 이 무서운 경험이 '무서운' 꿈에 대해서 이야기하게 되는 것일지도 모른다.

11~13세 정도가 되면, 꿈의 내용은 개인의 습성이나 인격을 반

영하기 시작한다.

자기주장이 강한 아이는 활동적인 꿈, 경쟁심이 강한 아이는 공격적인 꿈, 적대심을 가지고 있는 아이는 분노하는 꿈을 꾼다. 이 연령층의 꿈을 보는 시간은 성인의 꿈과 비슷한 정도로 길다. 더 나이가 들어 10대 중반이 넘어가면 점차로 꿈에서부터 거리를 두게 되며, 꿈속에서 무언가를 하는 등장인물로서 자신을 관찰할 수 있게 된다. 이것은 더욱 지적인 성장이 진행되었다는 증거라고 폭스는 말한다.

 ## 13~19세의 생체시계는 크게 흔들린다

사춘기는 인간의 체내에 커다란 변화가 일어나는 시기이다. 생체시계는 초기화되어, 10대들이 밤 11시 전에 잠드는 것을 어렵게 한다.

평균적으로 고등학생이 잠드는 것은 한밤중이지만, 10대들은 사실은 이론상 9시간 15분의 수면을 필요로 한다. 그러나 충분한 수면을 취하고 있는 10대들은 거의 없다. 미국뿐 아니라 고등학교의 수업시간이 아침 7시~7시 50분인 나라는 모두 마찬가지로, 10대들의 생체시계가 기억하고 있는 기상시간보다 빠르기 때문이다.

1990년대, 연구자들이 10대들의 수면시간을 줄여 보자 학습능력과 컨디션이 흐트러지고, 자동차사고의 가능성이 높아지며, 약물의 사용과도 연결된다는 것이 증명되었다.

프로비던스지역의 공립고교 4곳에 통학하고 있는 3,100명의 학생들을 조사한 결과에 의하면, 19세는 13세보다 40~50분이나 수면시간이 적다는 사실을 알 수 있었다.

평균적으로, 모든 학생들은 통학하는 날에는 채 7시간 30분도 잠을 자지 않았다. 그 중 약 1/4의 학생들은 6시간 30분도 잠을 자지 않은 것으로 나타났다. 8시간 30분 이상 잠을 잤다는 학생은 겨우 15%뿐이었다.

주말에는 통학하는 날보다 2시간 정도 늦게 자고, 3시간 30분 정도 늦게 일어나는 학생이 가장 많았고, 성적이 뛰어난 학생들은 평일이든 주말이든 그 이하의 학생들보다 빨리 잠을 자는 경향이 있다는 것이 밝혀졌다. 성적이 우수한 학생들은 그 이하의 학생들보다 통학하는 날이라도 25분 정도 오래 잔다는 것을 알 수 있었다.

만성적인 수면부족을 해결하기 위해 좀 더 빨리 자야 되겠다고 생각할지도 모른다. 하지만 잠이 들지 않을 것이다.

잠에 들 준비가 되었다고 알리는 멜라토닌의 분비는, 10대 후반이 되면 오후 10시 30분이 지나지 않으면 시작되지 않기 때문이다. 만일 이 시간에 잠들었다 하더라도 아침 7시 30분에도 계속 자고 싶어지기 때문이다. 심각한 수면장애가 있는 사람과 비슷한 정도로 졸린 상태라고 지적하는 전문가들도 있다.

 ## 10대들과 그 부모들에 대한 조언

▶ 10대들에게

• 가능하다면 매일 9시간 15분 정도는 자도록 하라

어려운 일이겠지만, 이 정도의 수면시간이 필요하다고 하는 것만이라도 기억해 두자.

- **매일 같은 시각에 자도록 노력한다**

특히 다음 날에 학교를 가야 할 경우는, 같은 시각에 자는 습관을 기른다.

- **자기 전에 긴장을 풀어라**

15~30분 정도, 자기 전에 여유로운 시간을 가져라. 교과서를 챙겨 놓고, 음악을 듣거나 책을 읽거나 친구들과 이야기를 해라.

- **정기적으로 운동하라**

가능하면 오후 늦은 시간은 체조나 스포츠 등에 시간을 할애하라.

- **카페인은 시간을 정해놓고 섭취한다.**

오후 4시 이후로는 카페인이 함유된 커피나 음료 등은 마시지 않도록 한다.

- **학교를 중심으로 생각하라**

방과 후, 아르바이트를 해서 돈을 버는 것보다 좋은 성적을 얻는 편이 나중에 더 많은 돈을 벌 수 있다. 아르바이트는 성적에 영향을 끼치지 않는 범위에서 하도록 한다.

- **낮잠은 20분 이내로 하라**

귀가해서 낮잠을 잔다면, 20분 이상 잠들지 않도록 시계를 맞추어 놓자. 짧은 수면으로도 충분히 원기를 회복할 수 있다. 더 자면 맥이 빠져버린다.

- 금요일이나 토요일에 밤을 지새웠다면, 다음 날 아침 늦게 3

시간 이상 자지 않는다.

더 자고 싶다면 오후에 잠깐 낮잠을 자도록 한다.

▶ 10대의 부모들에게

- **규칙적으로 잠자리에 들도록 조언을 해 준다**

  반발할지도 모르지만 조언하는 것이 좋은 결과를 낳는 경우
  도 있다.

- **충분한 수면을 취할 수 있도록 한다**

  보통 잠을 잘 못 자고, 주말에 늦잠을 자도 꾸짖지 않도록
  한다.

- **아침을 제대로 준비해 준다**

  감자칩과 콜라보다는 좀 서둘러 먹어야 한다고 해도 과일과
  요구르트가 좋다.

- **가족들의 저녁식사 시간을 정해 놓는다**

  식사는 일종의 신호이다. 하루를 규칙적으로 보내기 위해 필
  요하다.

- **학교를 가기 전날 밤에는 TV를 보지 않게 한다**

  잠잘 시간에 TV를 보지 않도록 권한다. 방에 TV를 놓아두지
  않는다면 더 좋다.

- **스케줄을 관리한다**

  학교를 최우선으로 생각한 스케줄을 생각하여, 아르바이트나
  자원봉사 등에 너무 열중하지 않도록 한다.

- **아이들의 변화에 주목하라**

  졸리지 않은가? 좀처럼 일어나기가 힘든가? 주말보다 학교에

가는 평일에 기분이 안 좋지는 않은가? 졸지는 않는가? 성적
이 떨어지지는 않는가?

- 적극적으로 PTA(Parent-Teacher Association)활동에 참가한다.
학교에서 배우는 스케줄을 최적화시키기 위해서도 필요하다.

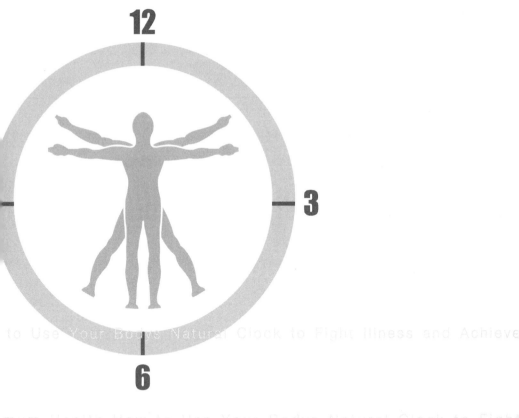

잠에서 깰 때도 상쾌한
숙면을 위한 테크닉

4장

「렘수면」과 「비(非)렘수면」의 특징

우리들에게 있어 수면은, 필요불가결한 것이다.

펜실베이니아 대학의 데이비드 딘지즈 등은, 실험의 결과로부터 매일 2~3시간씩 수면시간을 줄여 1주간을 계속해 본 결과, 기분이나 작업능률에 커다란 영향을 끼친다는 것을 명백하게 입증했다.

실험에서는, 언제나 평균 7.5시간의 수면을 취하고 있는 남녀 16명을 모집, 1주 동안 수면시간을 5시간으로 줄여보았다. 주의력과 기억력, 계산능력과 기분을 하루에 수회에 걸쳐 측정했다. 이 결과 지적인 기능이 모두 감퇴했을 뿐 아니라, 원 상태로 돌아가기 위해서는 이틀 동안 계속 약 8시간 수면을 취하지 않으면 안 되었다.

또한 시카고대학의 연구에서는, 젊고 건강한 남성 11명의 수면시간을 바꾸어 본 실험이 행해졌다.

처음의 3일간은 8시간을 재우고, 다음 6일간은 4시간으로 제한했으며, 마지막 6일간은 12시간으로 늘렸다. 그 결과, 수면시간이 짧아지면 인슐린을 만들어내는 능력, 신체를 움직이는 데 필요한 글루코스를 사용하는 능력이 1/3정도로 저하하였다. 이것은 당뇨병의 초기증상과 같았다.

또 혈압도 상승하여 사고력도 저하하였다고 한다. 피실험자들은 전원 30세 미만이었지만 글루코스의 반응 패턴은 60세 이상에서 나타나는 것과 동일했다.

수면부족 상태에서는, 오후가 되면 코티솔(cortisol)의 레벨이 과도하게 상승하여 밤까지 지속되었으며, 이것이 기억력의 저하가 나타나는 원인일 수 있다. 또한 갑상선기능에도 장해가 나타나서, 이와 관련된 체중증가의 위험성이 지적되었다. 이 결과, 만성적인 수면부족은 기억력의 저하를 시작으로 당뇨병이나 고혈압 등의 질병의 원인이 되며, 증상도 악화된다는 사실을 알 수 있었다.

단지, 이러한 노화현상은 피실험자들이 6일간에 걸쳐 9시간 수면을 취하는 것으로 해소되었다고 한다.

그럼, 우리들의 몸은 '어떤 식으로 잠들어 있는' 것일까?

자고 있는 동안, 우리들은 90분 정도의 주기로 '렘수면'과 '비렘수면'을 반복한다고 알려져 있다.

일반적인 청년의 경우, 수면시간의 약 3/4 가량이 비렘수면이며, 나머지가 렘수면이라고 한다.

▶ 렘수면

수면에 돌입하고부터 약 90분 후, 뇌는 활발한 수면상태를 위해 갑자기 전력을 다해 간다. 닫힌 눈동자의 뒤편에서 안구가 재빠르게 움직이기 시작하기 때문에, 이 상태(안구의 급속도의 움직임= rapid eye movement)에서 렘수면이라 이름이 붙여졌다. 선명한 꿈을 꾸는 것은 렘수면에 일어난다.

이 때, 골격근(뼈에 직접 붙어서 마음대로 움직일 수 있는 가로무늬근)이 실질적으로 마비되어 있기 때문에, 꿈에서의 행동을 실제로 하려고 하여 침대에서 뛰어내리거나, 돌아다니는 등의 걱정을 하지 않아도 되는 것이다.

또, 심장의 고동이 빠르고 불규칙적으로 되고, 혈압도 변화하며, 호흡은 빨라진다. 체온의 항상성(恒常性)이 없어지기 때문에 침실이 너무 덥거나 너무 추우면 깨기도 한다.

아기에서 노인까지 모든 연령층의 남성이, 어느 정도 또는 전면적인 성기의 발기를 경험한다. 여성도 비슷한 반응을 보인다. 클리토리스가 충혈되고 질의 움직임과 분비액 또한 증가한다.

이러한 반응이 있다고 해서 반드시 '성적(性的)'인 꿈을 꾸는 것은 아니다. 렘수면의 도중에 반드시 생기는 현상 중 하나이다.

▶ 비렘수면

렘수면 몇 분 후 그 이전의 조용한 수면으로 돌아가는데, 이것을 비렘수면이라 부른다. 비렘수면 도중에는 뇌는 활동하지 않는다. 성장 호르몬의 분비가 가장 높아지는데, 이것은 평생에 걸치는 것으로 조직의 복구에 필요한 것이다.

인간은 잠을 자지 않아도 살아갈 수 있는가?

눈을 뜨고 있을 때와 잠을 잘 때의 차이점을 비교해보면, 인간은 잠을 잘 때 심장박동수나 호흡이 약간 느려진다. 조용하게 휴식을 취하고 있어도, 잠을 자고 있어도, 소모 에너지에는 큰 차이가 없다. 체중이 90킬로그램인 남성이라면, 하룻밤의 수면으로 우유 한 컵 분량의 칼로리를 절약할 수 있을 뿐이다.

1971년에 시카고대학의 앨런 레히트샤펜이 논문 속에서 지적했

듯이, 사람에게 있어 수면이 필요한 기능이 아니라면 어째서 진화 과정에서 도태되지 않았던 것일까.

처음 일부의 전문가들은 수면의 주요 목적이 휴식에만 있다고 생각했다. 그래서 레히트 샤펜은 수면의 목적을 알아내기 위하여 쥐에게 잠을 재우지 않는 실험을 했다.

완전하게 수면을 하지 못하게 된 쥐는, 보통 때보다 많이 먹지만 체중은 계속 줄어들어 몸과 꼬리에 부스럼이 생겼다. 활동이 많아져도 체온은 낮아지고, 2~3주 후에는 죽고 말았다.

도중에, 죽기 전에 재워 보니 어느 정도 시간이 지나자 완전히 회복된다는 사실을 알 수 있었다. 또, 렘수면만을 재우지 않은 쥐는 완전히 잠을 재우지 않은 쥐와 비슷한 증상을 보이지만, 3주 정도 더 오래 산다는 사실도 알 수 있었다.

어째서 쥐가 죽은 것인지 확실한 이유는 알지 못한다. 연구자들은, 극단적으로 체온을 잃어버리지 않기 위해 수면이 필요한 것은 아닐까 하고 추측하고 있다. 자고 있는 동안에 체온이 정상적으로 하강하게 되면 에너지의 유출을 방지할 수 있다. 동시에, 이것은 먹을 것을 섭취하고자 하는 욕구가 줄어든다는 것을 의미한다.

눈을 뜬 채로 있는 동물은 끊임없이 먹어대지 않으면 안 된다는 것이다. 이것은, 인간을 포함해 어둠 속에서 눈이 보이지 않는 동물들에게는 사활이 걸린 문제이다. 밤에 필요한 식량을 찾을 수 없다면 굶어 죽을 수밖에 없기 때문이다.

이것은 인간에게도 적용할 수 있다. 사실, 수면시간이 너무 적은 현대의 미국인들은 지나치게 식량을 소비하고 있다. 3명 중 한 명이 비만 상태라고 하며, 이상체중을 20%나 초과하고 있다. 지상에 있는 모든 생물이 항상 눈을 뜨고 있다면 심각한 환경문제도 될 것이다. 먹을 것을 찾는 경쟁이 일상생활의 거의 대부분을 차지하게 될 것이기 때문이다.

최근의 연구에 의하면, 체온, 혈압 그 밖에 호르몬의 분비 등, 몸과 마음의 여러 가지 기능의 균형을 맞추기 위해서 수면이 필요하다는 사실이 밝혀지고 있다.

그 중에서도 분명한 사실은, 충분히 잠을 자는 것이 지적으로도 육체적으로도 건강에 필요불가결하다는 것이다. 극단적으로 수면시간이 줄어들면, 넓은 범위에 걸쳐 악영향이 발생한다는 사실이 밝혀져 있다.

또, 수면은 병의 감염을 방지하는 등의 중요한 역할을 수행하고 있는 듯하다. 수면부족 상태가 되면 인간을 병으로부터 지키는 역할을 하는 살균 세포의 생산이 저하된다. 보통 알려져 있듯이, 수면부족이 지속되면 감기나 인플루엔자에 걸리기 쉬워지고, 지병이 악화되곤 하는 것은 이 때문이라 생각되고 있다.

병의 감염과 싸우기 위해 체내에서는 사이토카인(cytokine)이라는 화학물질을 생산하지만, 이 물질은 잠을 불러오는 역할도 한다. 또, 감염에 따라서는 열을 발생하는 경우도 있다. 이렇게 되면 더욱 졸려지는 작용을 하게 된다. 그 결과, 더욱 졸린 상태가 계속되어 수면이 불규칙적으로 되는 악순환이 될 수도 있다.

인플루엔자 바이러스를 쥐에게 주사하고 3일이 지난 후, 매일 정상적으로 잠을 잔 쥐에게서는 바이러스가 검출되지 않았다. 하지만 수면부족 상태의 쥐에게서는 바이러스가 발견되었다고 하는 실험결과도 있다.

말할 것도 없이 현대사회에는, 직업 때문에 제약이 있거나 잠자는 것보다 즐거운 오락의 유혹이 수없이 존재한다. 많은 사람들이 수면부족 상태인 채 생활을 계속하고 있다. 사회 전체가 24시간 체제로 이행하고 있는 지금, 이러한 연구는 앞으로 점점 중요해질 것이다.

 ## 인간에게 있어 「충분한 수면시간」은?

사람마다 필요한 수면시간은 서로 다르지만, 그렇게 큰 차이가 있는 것은 아니다.

국립정신위생연구소의 연구결과에 의하면, 성인 환자들에게 잠을 자도록 처방할 때 하룻밤 평균 8시간 15분 정도 수면을 취하도록 권한다고 한다. 이 연구를 감독했던 생물학자 토마스 웨어의 말에 의하면, 이것은 처방을 받은 환자들뿐 아니라 대부분의 사람들에게 필요한 수면시간이라고 한다.

수면시간은, 극단적으로 짧거나 길어지면 건강에 악영향을 끼칠 가능성이 있다. 통계에 의하면, 45세 이상의 사람 중 수면시간이 4시간 이하이거나 10시간 이상인 사람들은, 매일 7~8시간 잠을 자는 사람들보다 빨리 사망하는 사람이 많다고 한다.

단, 필요한 수면시간은 연령이나 건강상태에 따라서도 변한다.

예를 들면 임신 중인 여성은 보통 여성들보다 더 졸리다고 한다. 반면에, 여러 가지 질병들은 수면을 취하는 것을 방해한다. 젊은 사람보다는 나이가 든 사람일수록 수면시간이 적은 경우가 많다. 하지만 이것은 수면 능력이 저하했을 뿐, 수면이 불필요해졌다는 것은 아니다. 사실, 하루 동안의 졸음에 대해 조사해 본 결과, 65세 이상의 사람들은 젊은 사람들보다 졸음을 자주 느낀다고 한다. 이것은 고연령층이 충분히 잠을 자지 않고 있음을 나타낸다.

최근 수년간 미국의 수면재단의 조사로는, 미국 성인들 가운데 5명중 한명이 충분히 잠을 자지 않으면 직업적인 성공을 거둘 수 없다고 생각한다고 한다. 대기업의 고위 간부들은 자신을 가지고 "필요한 수면을 충분히 취하고 있다"고 단언한다. 바로 최근까지 경영권자들이나 정치가들은, 수면이 모자란 것을 자랑스러워했음에도 불구하고 말이다. 아무래도, 수면에 대한 인식은 반대 경향으로 변한 듯하다.

'8시간'이라고 하는 수면시간은 일종의 평균으로, 실제로 필요로 하는 충분한 수면시간은 '하루 동안 최고의 노동이 가능한 양'을 가리킨다. 따라서 사람마다 다른 것이다.

'최고의 노동'이란, 사고능력이 명석하고 원기가 가득한 컨디션이 좋은 상태를 말한다. 정신적으로도 육체적으로도 완전하다고 느끼는 상태인 것이다. 하지만 현대인들의 대부분은 이 상태에 있지 않다. 우리들은 좀 더 잠을 자지 않으면 안 되는 것이다.

현대의 미국인들은 종종 피로를 느끼고 원기가 부족하다고 하는데, 그 정도는 1930년대의 사람들보다 훨씬 심각하다.

1930년대와 1980년대에 실시한 조사를 비교해 보면, 불면증을 호소하는 사람들은 50년이 지났는데도 불구하고 늘지 않았다. 하지만, 1980년대의 조사에서는, 잠에서 깨어나기가 힘들고 체력이 부족한 경향을 볼 수 있었다. 이것은 수면부족이 원인이라는 것을 강하게 나타낸다.

미국수면재단에 의한 1999년의 조사결과에 의하면, 전형적인 미국 성인의 수면시간은 평일에는 7시간 이하, 주말에는 40분이 더 길다. 1세기 전과 비교해 보면, 거의 90분 정도가 줄어든 시간이다. 100년 전에는 철야를 하려 해도 필요한 전등이 없었다.

또 하루 중 졸음이 오는 것에 대해 조사한 결과, 미국인들은 만성적으로 졸린 상태에 있으며, 심각한 수면 장애를 지닌 사람들과 비슷한 정도로 졸음을 느끼고 있다고 한다.

어두운 방 안에 누워 잠이 드는 시간을 재어 본 결과, 전형적인 성인은 평균 10분이 걸렸다. 수면 시 무호흡증이나 수면발작 등의 장애를 지닌 사람들은 5분 내에 잠이 들었다. 하지만 사춘기 이전의 아이들은 잠에 들지 못했다.

운전 중에 잠이 들어버리는 경우 또한 결코 무시할 수 없는 문제이다.

미국의 전국고속도로안전국의 예상으로는, 운전자의 졸음과 피로가 원인으로 매년 적어도 10만 건의 충돌이 일어나고, 1,550명 이상이 사망한다고 한다.

다른 보고에서는, 무작위로 선발된 운전자 1,000명 가운데 500명 이상이 졸음운전을 한 적이 있다고 대답했다고 한다. 4명 중 1명은 운전 중 졸은 적이 있다고 하며, 20명 중 1명은 충돌사고의 원인이 졸음운전이었다고 한다.

"졸음운전에 대한 사람들의 인식은 음주운전에 비해 20년 뒤져 있다"고 안전 관계의 전문가들은 지적한다. 졸음운전은 음주운전과 같은 범죄행위이다, 하고 강력하게 주장하는 사람도 있다. 하지만 음주운전만큼 강력한 방지대책이 세워져 있지 않은 것이 사실이다.

매일 7시간 정도 수면을 취하는 건강한 남성을 어둠 속에 놓여진 침대에서 10시간을 보내게 한 결과, 평소보다 1시간 정도 오래 잠들었다. 수면을 1시간 더 취함으로써 주의력과 경계능력이 보다 날카로워졌는데, 운전이나 정밀한 작업을 필요로 하는 직업의 경우 이는 더욱 중요하다고 생각된다.

평소보다 1시간만 더 잠을 잔다면, 언제나 졸음에 시달리는 사람도 몰라볼 정도로 명석해지며, 언제나 원기왕성하게 활동하고 있는 사람들은 더욱 민첩해 질 수 있는 것이다.

생체시계를 이용해 쾌적하게 잘 수 있는 방법

쾌적한 수면을 원한다면, 매일 거의 같은 시간에 일어나는 것이 중요하다. 그리고 아침에 일어나면 온몸에 아침이 왔다는 사실을 알리기 위해 태양빛을 쬔다. 이것으로 생체시계는 외부의 리듬에 맞춰진다.

인간의 체온은 한낮 동안 상승하며, 저녁 무렵 최고가 된다. 잠에 들 시간이 되기 훨씬 전부터 체온은 하강을 시작하여 잠에 들 준비를 한다. 이 리듬에 맞추어 잠에 드는 것이 쾌적한 수면 방법이 된다. 언제나 같은 스케줄을 따르고 있으면, 눈을 뜨기 2시간 전에 체온이 가장 낮아지며, 그때부터 상승을 시작해 선잠으로 바뀌게 된다. 그래서 매일 같은 시각에 눈을 뜨게 되는 것이다.

▶ 정상적인 수면 패턴(연령별)

5세

25세

70세

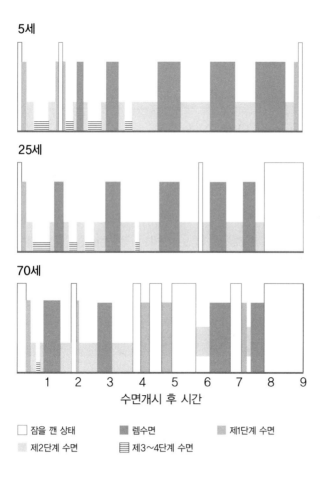

수면개시 후 시간

□ 잠을 깬 상태   ▨ 렘수면   ▨ 제1단계 수면

▨ 제2단계 수면   ☰ 제3~4단계 수면

구체적으로는, 매일의 스케줄을 규칙적으로 지킬 것. 수면시간과는 관계없이, 매일 거의 같은 시각에 일어나도록 한다.

예를 들면 일주일간, 평소보다 15분 일찍 잠에 들도록 한다. 그리고 낮에 멍하니 졸거나 하는 것이 없어졌는지 확인한다. 만약 조금이라도 좋아졌다고 느껴진다면, 그것이 습관이 될 때까지 계속하는 것이 중요하다.

쾌적하게 잠들기 위한 포인트

얼마나 잤는가와는 관계없이 매일 거의 같은 시각에 일어나도록 한다. 이것은 생체시계의 리듬을 유지하는 가장 효과적인 방법이다. 잠드는 시간을 정해두는 것도 좋지만 중요한 것은 아니다.

전형적인 만성 수면부족에 시달리는 사람의 경우, 평소보다 일찍 잠에 들 필요가 있다.

1주일 정도 평소보다 15분 빨리 잠을 자 보는 것이 좋다. 그러면 낮 시간에 완전히 정신이 또렷해지고, 잠자리에 들어서부터 잠들 때까지 걸리는 시간도 짧아져서 잠을 푹 잘 수 있게 된다. 아침에 저절로 눈을 뜰 수 있을 때까지 15분 빨리 자는 일을 계속한다.

매일 같은 행동을 하는 것으로 정신적으로 잠에 들 준비를 하는 것도 좋다.

개를 데리고 산책을 하거나, 뉴스를 보거나, 간식을 먹거나 하는 것도 좋지만, 여행을 떠났을 때도 거르지 않고 할 수 있는 방법도 생각해 두자.

또 침실을 어둡게 하거나 눈가리개를 한다.

어둠은 뇌에게 잠에 들 시간이라는 것을 알린다. 아침에 일어나면 곧바로 눈가리개를 벗거나 커튼을 연다. 햇빛은 눈을 뜨게 하는 신호가 되기 때문이다. 가로등이 없고 밤에 창으로부터 빛이 들어오지 않는다면, 커튼을 치지 않아도 좋다. 아침에 햇빛이 점차 밝아져 자연스럽게 눈을 뜨게 해 주기 때문이다.

침실은 조용하게 한다. 이로써 또 하나의 수면 신호가 뇌에 전해진다.

침실을 서늘하게 한다.

이것은 편안한 수면에는 빼놓을 수 없는 체온의 저하를 촉진한다. 단 발이 추우면 몸의 자동온도조절 기능이 작용해, 체온의 저하를 늦추는 경우가 있다. 그러면 양말을 신거나 뜨거운 물병을 사용하든가 해서 발을 따뜻하게 보호해, 발의 혈관에서 몸의 열을 발산하도록 하면 된다.

사실, 스위스 바젤대학의 안나 비르츠 저스티스 등은 체온을 변화시키는 여러 가지 방법의 연구로, 발이 따뜻하면 빨리 잠든다는 사실을 발견했다. 하지만 자는 동안에 계속 따뜻하면 오히려 숙면에 방해가 된다. 계속 전기장판을 켜 놓거나 하면 오히려 잠을 설치게 될 가능성도 있는 것이다.

침대 위에서 TV를 보거나, 과자를 먹거나, 전화 통화를 하거나, 서류를 읽거나 하는 사람도 있을 것이다.

하지만 이렇게 하면 무의식적으로 뇌는 '침대=잠에서 깸'을 연상하게 되어 버린다. 그렇게 되지 않는 사람도 있지만 그렇게 되기 쉬운 것은 사실이다.

한 번 침대에 누워도 30분 안에 잠이 들지 않는다면 침대에서 나오도록 하라. 졸리지 않을 때에 무리하게 잠에 들 수는 없다. 단, 스트레칭이나 요리를 하는 등 오히려 눈이 떠지게 되어 버릴 것 같은 일은 피하자.

낮잠을 자려면 대낮이 조금 지났을 무렵 30분 정도로 한다. 하루 동안 가장 졸릴 때 규칙적으로 낮잠을 자면, 밤에도 쉽게 잠에 들 수 있을 것이다. 충분한 수면을 취하지 않고 있을지도 모른다는 걱정이 덜해지기 때문이다.

30분 정도 낮잠을 자는 것으로 그 후로는 의식이 또렷해진다. 만약 수면 부족이 심한 상태에서 될 수 있는 한 빨리 정상적으로 돌아가고 싶다면 90분에서 3시간 정도 낮잠을 자도록 한다. 이로써 수면에 필요한 1~2사이클을 되찾은 셈이 된다. 단, 낮잠을 자서 밤에 쉽게 잠을 잘 수 없다고 한다면 낮잠을 자지 않는 편이 좋다.

잠에 들 시간에서 90분 전에 따끈한 물로 목욕을 하도록 한다. 45도 가량의 온수에 30분 정도 들어가 있으면, 수면제를 복용했을 때와 비슷한 정도로 불면증이 개선된다고 하는 조사결과도 있다.

무엇을 세는 방법은 오히려 잠이 드는 걸 방해한다

규칙적인 운동도 쾌적한 수면에 도움이 된다. 운동은 몇 시간 뒤의 수면을 불러오는 신호가 되기 때문이다. 특히, 햇볕이 내려쬐는 시간대에 야외에서 운동을 하도록 하자. 잠들기 2~3시간 전에 운동을 하는 것도 일시적으로 체온을 상승시켜 쉽게 잠이 드는 데 도움이 될 것이다. 따끈한 물로 목욕을 하는 것과 같은 효과가 있다.

잠들기 전 5시간부터는 카페인은 피한다. 카페인을 섭취하게 되면 반드시 잠이 오지 않는 것은 아니지만, 카페인의 작용이 숙면을 방해할 가능성은 높다.

잠들 시간이 가까워지면 술을 마시거나, 담배를 피거나 하지 않는다. 잠들기 전에 술을 마시면 잠이 오는 효과는 있다. 하지만, 음주의 반동이 수면을 방해하는 작용을 한다. 니코틴은 각성제의 역할을 하기 때문에 마찬가지로 수면을 방해한다.

양 한 마리, 양 두 마리… 등으로 숫자를 세는 고전적인 방법은 의외로 역효과를 가져온다. 긴장을 풀기에는 너무나 시간이 많이 걸리기 때문이다. 사람은 무엇을 세면서도 여전히 걱정할 수가 있다고 애리조나대학의 리처드 부친은 말한다. 문젯거리가 실제만큼 그리 커 보이지 않는 아침에, 잠자리에서 일어나서 메모하고 문제를 생각해보는 것이 바람직하다는 것도 덧붙인다.

현실도피적인 몽상을 해본다.

로버트 루이스 스티븐슨의 말에 의하면, 그의 아버지는 매일 밤 그를 재울 때 이야기를 들려주었다고 한다. 그 이야기는 산업혁명 이전의 배나 길가의 여관을 무대로 도적이나 늙은 선원, 행상인 등의 인물들이 등장하는 이야기였다.

"아버지는 이러한 이야기들을 끝까지 들려주었던 적이 없었다"고 그는 말한다. 그 이유는 그가 이야기 도중에 잠들어 버렸기 때문이었다.

긴장을 풀 수 있는 기술을 배운다.

근육을 완화시켜 주기 위해 명상이나 요가 등을 배워서, 그것을 습관화하면 된다. 낮에든 밤에든 그것을 일과로 만들면 스트레스 해소에도 도움이 될 것이다.

밤에 자주 깨어나곤 한다면 시계를 옮겨서 보이지 않게 한다.

그러면 얼마나 잤는지, 얼마나 일어나 있었는지 등으로 기분 나빠하지 않아도 된다. 또 내일은 컨디션이 나쁠 것 같군, 하고 생각하지 않아도 될 것이다.

수면에 관한 문제는, 기본적으로 네 가지로 분류할 수 있다.

'잠이 오지 않는다', '너무 많이 잔다', '악몽을 꾼다', '자고 싶을 때 잠이 오지 않는다'의 네 가지이다.

'잠이 오지 않는다', '너무 많이 잔다' 하는 문제는, 하루 주기의 리듬수면장애일지도 모른다. 큰 소리로 코를 골며, 낮에 심하게 졸음이 온다면 '수면시무호흡증'일 위험도 있다. 수면에 대한 문제가 계속된다면, 의사에게 진찰을 받아보는 것이 좋다.

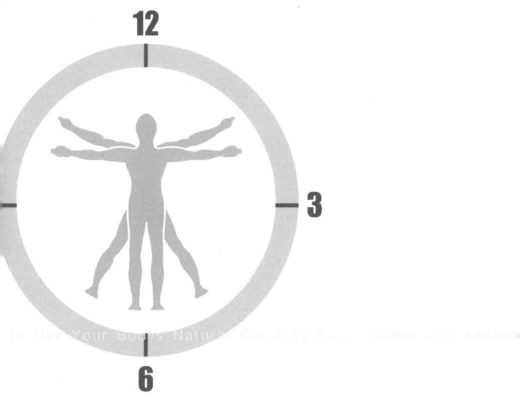

최대한의 효율로
손쉽게 일을 하는 방법 | 5장

일이 잘 되는 시간이 있다!

생체시계의 리듬을 잘 관찰해 보면, 대부분의 사람들이 하루 동안 컨디션이 좋을 때와 나쁠 때가 있다는 것을 알 수 있다.

컨디션이 좋을 때는 행동이 민첩하고 머리가 맑게 개며, 자신감에 넘치고 원기가 넘치는 듯이 느낄 것이다. 반대로 컨디션이 나쁠 때에는 수면부족이나 숙취 때처럼 뭘 해도 잘 되지 않을 듯한 기분일 것이다.

일하는데 필요한 지적 능력은, 하루 24시간 가운데 20~30% 가량 변화한다.

이런 좋은 컨디션과 나쁜 컨디션의 차이는, 세일즈맨이라면 새로운 계약을 체결하는 데 성공하느냐 실패하느냐, 중요치 않은 회의나 미팅이라도 의미 있게 만들 수 있는가 없는가 등 일의 능률과 효율을 좌우한다.

예를 들어 학생이라면 시험 성적이 B를 받느냐 C를 받느냐를 좌우할 지도 모른다. 일을 손쉽게 해낼 수 있는가 하는 것은, 지식이나 기술적인 면뿐 아니라, 24시간 사이에 상승과 하락을 반복하고 있는 '각성'과 '졸음'의 리듬을 얼마나 잘 활용하는가에 달려 있다.

생체시계에 대한 연구가 본격적으로 시작된 것은 20세기이지만, 그로부터 연구자들은 생체시계와 매일매일의 지적 능력과의 관계를 조사해 왔다.

보고서를 읽거나 이벤트 계획을 세우거나 회의를 여는 데 적절한 시간이 존재할까? 수학을 공부하는 데 가장 적절한 시간은 언제인가? 그 시간대는 언어나 문학을 공부하는 데는 최적의 시간이라 할 수 없는가? 수입과 지출의 계수를 맞춰보는 것은 언제가 좋은가? 상관에게 봉급 인상을 요구하는 일은 언제가 좋을까?

이러한 질문들에 대하여 구체적인 조언이 가능하게 되고는 있지만, 대부분의 연구는 아직 인간의 낮 동안의 행동에 얽매여 있다.

여기서 든 질문들은, 낮에 일하는 사람들 10명 중 8명의 경험을 반영하고 있지만, 저녁이나 밤이 되어야 일을 시작하는 사람들에게는 해당되지 않는다.

많은 사람들이 낮 시간 이외의 시간에 일하게 되고 있어, 24시간에 걸친 연구나 조사의 결과가 기다려지고 있다.

'~를 하는 데 최적의 시간은 언제?'라는 질문에 대한 대답은, '경우에 따라 다르긴 하지만, 가장 컨디션이 좋을 때에 하고 싶은 일을 하는 것'이라고, 최근의 조사 결과에 근거하여 한스 반 동엔 등 펜실베이니아대학의 연구자들은 주장한다.

그들은, 완전히 정신이 맑은 상태라면 대부분의 지적 작업은 같은 수준으로 가능할 것이라고 한다. 단 필요한 노력과 그 전날 밤에 충분한 수면을 취해 둘 필요가 있다고 한다.

최고의 수준으로 지적인 작업을 실행할 수 있는 시간대는 상당히 넓다.

보통 아침 10시부터 밤 10시까지의 12시간 가운데, 눈을 뜨고 나서 2~3시간 후 몽롱함이 사라질 때부터 시작되어 잠에 들기 몇 시간 전부터 서서히 사라진다고 한다. 극단적인 아침형의 경우,

시작되는 시간과 끝나는 시간이 조금 빨라지고, 극단적인 저녁형이라면 그 반대가 된다.

반 동엔은, 일에 적합한 '최고'의 시간은 구체적으로 이 시간대이다 하고 지적할 수는 없다고 한다. 오히려, 자신이 편한 시간에 가장 최선의 환경을 조성하는 것이 가능한가 아닌가에 달려있다고 한다.

전화번호부에서 번호를 찾아 전화를 걸었더니 상대방은 부재중이었다. 번호를 메모한 종이를 보지 않고 다시 걸 수 있을까?

주유소에서 길을 물었다. 목적지에 도착할 때까지 정확하게 기억할 수 있을까?

파티에 참가해서 처음 보는 사람들을 소개받았다. 한 사람 한 사람의 이름을 언제까지 기억할 수 있을까?

여러 가지 일의 경우에서 우리들은 필요한 정보를 필요한 기간만 기억하지 않으면 안 된다. 이러한 기억의 능력을 우리는 하루 동안 몇 십 번이나 필요로 한다.

1977년, 영국에서 실시한 연구에 의하면, 인간의 기억력은 하루 동안 몇 번이나 변한다는 사실이 밝혀졌다.

그 연구에서는 학생들을 모집해서, 한 집단에게는 어떤 이야기를 오전 9시에 들려주고, 다른 한 집단에게는 오후 3시에 들려주었다. 그 뒤, 이야기의 내용을 기억하고 있는지 들려준 직후에 시험해 보니, 오전 9시에 들려준 집단이 보다 정확하게 기억하고 있었다. 하지만 1주일 후에는 오후 3시에 들려준 쪽이 잘 기억하고 있었다고 한다.

그 이후의 연구에서는 '커다랗다', '집채만하다', '거대하다' 등의 의미가 비슷한 단어는 아침에 기억하기 쉽고, 'Mad', 'Man',, 'Map' 같이 발음이 비슷한 단어는 저녁에 기억하기 쉽다는 사실을 알아냈다.

만약 바쁜 사무실에서 일하고 있어, 아침 9시~저녁 5시까지의 스케줄로 일하고 있고, 오전 중에는 끊임없이 전화벨이 울리고, 사원 등 많은 사람들이 끊임없이 질문을 해서 일을 손에 잡을 틈이 없을 지경이라면, 이 동안은 복잡한 보고서의 분석 같은 일은 하지 않는 편이 좋다.

그런 상황이라면 복잡한 상황이 진정될 때를 기다리는 것이 좋다. 차근차근 생각할 시간을 만들기 위해서는 오후 5시를 넘어 잔업을 해야 할지도 모른다. 또, 자신의 생체시계가 아침형이라면 일찍 출근하는 것도 좋다. 될 수 있는 대로 사람이 없는 시간을 찾는 것이다.

 ## 하루 중 「가장 예민해지는 시간」은?

생체시계에 관한 첫 연구자들은, 체온과 사고력 사이에 연관이 있다고 생각했다. 체온이 가장 높을 때 두뇌도 가장 명석해진다고 생각한 것이다. 일부 연구자들은, 인간이 일을 잘 할 수 있는지의 여부는 체온을 재기만 하면 알 수 있다고까지 단언했다.

하지만, 체온이 가장 높아지는 오후 7~8시경은 대부분의 사람들이 '가장 머리가 맑아지는 것을 느낀다'고 보고한 시간대에 들어 있지 않다. 대부분의 사람들은, 머리가 가장 맑게 개는 때가 정오 때라고 말했다. 극단적인 저녁형의 사람들조차도 오후 6시경이었다.

밤늦게까지 일어나 있으면 활동능력도 체온과 더불어 저하하며, 사고속도가 느려진다. 당연하게도 같은 일을 낮에 하는 것보다 효율은 떨어질 것이라고 예상할 수 있다.

하루 중에 어느 시간대에 어떤 기억력이 좋아지는가는 아직 명확하게 밝혀지지 않았다. 순간순간의 컨디션과 얼마나 잠에서 깼는지, 또 본래 잘 할 수 있는 것과 그렇지 않은 것 등의 요소가 존재하기 때문이다.

예를 들어 전화번호를 얼마나 기억할 수 있는가 하는 능력은, '누구에게' '왜' 전화를 거는 것인가, 급한 용건인가 아닌가, 수면 부족인가 아닌가, 컨디션은 좋은가 나쁜가, 통화 중에 집중이 흐트러지지는 않았는가, 그리고 전화번호의 숫자의 조합 등의 복잡한 조건에 좌우되기 때문이다.

일반적으로는, 하루 중 활동적인 시간대에 기억력과 판단력이 좋아진다고 생각하지만, 거기에는 여러 가지 조건을 참고해 볼 필요가 있다는 결론이 나온다.

피츠버그대학의 티모시 몽크와 줄리 캐리어가 실시한 연구에서는, 젊은 성인들을 대상으로 36시간 계속해서 2시간마다 논리력을 테스트 해 보았다.

그 중 한 번은, 긍정문과 부정문을 무작위로 늘어놓고, 피실험자들에게 올바른지의 여부를 판단하게 했다.

예를 들어 'CM에서 C는 M의 앞에 있다'는 올바른 문장이지만, 'MC에서 M은 C의 앞에 있지 않다'는 틀린 문장이라는 것이다.

컴퓨터에 의해 피실험자들이 대답하는 속도와 정확도가 기록되었다.

실험 첫 날, 피실험자들은 긍정문에 반응하는 데 3초가 걸렸고, 부정문에는 4초가 걸렸다. 부정문은 문장이 길고, 틀리기 쉽기 때문이었다. 그날 밤, 피실험자들은 긍정문은 거의 1초 만에 판별해냈지만, 부정문에 반응하는 데는 2초가 걸렸다. 이틀째, 자지 않고 24시간 이상이 경과했을 때에는 피실험자들은 전날보다 천천히 대답했지만, 그래도 첫 날 밤보다는 빨리 판단하였다.

이 연구에 의해, 우리들의 생체시계는 밤이 되면 여러 기능이 '저하된다'는 사실을 알 수 있었다. 밤이 되면 뇌가 복잡한 문제들을 처리하는 데 시간이 오래 걸리는 것인지, 아니면 처리하는 방법이 달라지는 것인지는 아직 알려지지 않았다.

단, 잠을 자지 않고 무언가 문제나 과제 등에 매달리고 있어도, 아침이 되면 몸이 깨어나는 것을 느끼는 사람이 많다. 그리고 그날 낮에는 철야를 하던 밤보다도 원기왕성한 상태가 되는 것도 사실이다.

대규모의 지진이나 폭풍 등의 천재지변이 일어나면, 경찰이나 소방서, 의사 같은 사람들은 철야로 작업을 하고, 이삼 일씩이나 자지 못하는 경우가 있다. 화재 현장에서는 민첩한 행동력과 판단력이 요구되지만, 그것을 가능하게 하는 역할을 생체시계가 수행하고 있다고 해도 과언은 아니다.

아침형인가 저녁형인가 하는 차이도 하루의 컨디션을 좌우한다.

라이덴대학에서 행한 어떤 조사에서는, 아침형과 저녁형의 사람들에게 하루에 5~6회, 2주에 걸쳐 컨디션의 좋고 나쁨을 5단계로 평가하는 실험을 했다.

그 결과, 아침형은 오전 9시~오후 4시 사이에 컨디션이 가장 좋다는 결과가 나왔다. 한편 저녁형은 하루를 보내면서 점점 컨디션이 좋아진다는 결과가 나왔다.

하지만, 이것은 잠드는 시간대를 조금만 바꾸어도 결과가 변하는 듯하다.

하버드대학 의학부에서는 하루의 주기를 28~20시간으로 맞추고 생활하는 실험을 하고 있다.

이러한 스케줄을 적용하면, 체온 등의 생체시계의 리듬은 독자적인 페이스로 변화하며, 수면과 기상의 주기는 뚜렷한 변화를 보여주게 된다.

이 연구에서는, 눈을 뜨고 있는 동안 계속 20분마다 '슬프다'와 '기쁘다'의 감정을 조사했다. 그 결과, 기분이 좀 더 고조되는 것은 눈을 뜨고 있는 시간대의 한가운데에 해당하는 시간으로, 체온이 높아지는 것과 겹쳐 있었으며 보통 사람의 생활에서 오후 2~10시에 해당했다.

한편 가장 기분이 우울해지는 것은 체온이 가장 낮을 때로, 보통은 잠들고 있을 시간이었지만, 이 실험에서는 잠에서 깨고 나서 8시간 후였다.

이러한 발견은 시차가 있는 곳으로 여행을 떠나는 사람이나, 교대제근무로 일하는 사람들처럼, 수면시간이 불규칙하게 되기 쉬운 사람들이 일시적으로 우울증 증세를 보이는 이유를 설명할 수 있을 것이다. 일시적으로 생체시계의 리듬이 혼란해져서 감정의 주기도 혼란스러워진 것이다.

롱 비치 소재 캘리포니아주립대학의 심리학자 로버트 세이어는
감정의 변화를 설명하는 열쇠가 되는 매일의 리듬을 확인했다. 이
것은 '에너지'와 '긴장'의 두 가지 리듬으로, 이 둘이 동일 방향
또는 반대 방향으로 움직임에 따라 여러 가지 기분을 만들어내는
것이라 한다.

그가 '평온한 에너지'라고 부르는 상태야말로 많은 사람들이 갈
망하는 것이다.

예를 들어, 일하는 중에 눈앞의 작업에 완전히 집중하고는 있지
만 쫓기는 일 없이 긴장을 푼 상태로 작업을 즐기며 하는 상태라
고 말할 수 있을 것이다.

그 뒤, 예를 들어 잘 시간이 가까워졌을 때, 편히 쉬면서 책을
읽고 있으면 '평온한 피로(calm-tiredness)'를 느낄지도 모른다.

 ## 「긴장된 피로」와 「평온한 피로」

이런 하루를 상상해 보자.

어떤 신문기자가 원고 마감에 쫓기고 있다. 굉장한 기사거리를
손에 넣었지만, 2시간 안에 써서 제출하지 않으면 안 된다. 자신만
만하지만 신경이 과민한 상태로, 시계에 눈길을 주곤 하며 기사를
쓰는 데 집중하고 있다. 분명 턱과 어깨, 목, 등의 근육이 긴장하
고 있을 것이다. 이것이 '긴장된 에너지' 상태이다.

또, 당면한 과제가 잘 풀리지 않는 경우를 상정해보자. 상담해
야 할 사람과는 연락이 되지 않고, 팩스는 고장 나 있으며, 점심은

굶지 않으면 안 되는데, 두통까지 일어난다.

분명, 당면한 과제를 해결할 수 있을지 자신의 능력조차도 의심이 가게 된다. 이것이 '긴장된 피로(tense-tiredness)'이다.

의미 없는 다툼이나 사소한 스트레스는 긴장해 있거나 피곤할 때 커다란 영향을 미친다. 예를 들어, 단지 팩스가 고장 난 것을 가지고 "제대로 되는 게 하나도 없어!" 하며 폭발해 버리는 일도 있을 수 있다.

'긴장된 피로'는 사람을 도피로 몰아넣게 된다. 각자의 선택에 따라 운동 같은 긍정적인 방법으로 도망가거나, 아니면 과식, 흡연이나 음주, 약물 등의 부정적인 방법으로 도피하는 경우도 있다.

눈을 떴을 때 대부분의 사람들은 가벼운 우울증 상태인 것은 잘 알려져 있지 않다. 안 좋은 기분은 보통 1~2시간이면 사라지지만, 사라지기 전까지는 속도나 민첩함을 요하는 일에 보통보다 스트레스를 더 느낄 것이다. 도시락을 싼다, 버스나 전철을 탄다, 혼잡한 도로에서 차를 운전한다 하는 등의 일과도 여기에 포함된다.

생활에 필수적인 것조차도 아침에는 스트레스가 된다. 하지만 사전에 계획을 세워 준비해 두는 것으로 부정적인 영향을 최소화시킬 수도 있다. 예를 들어, 가능한 한 전날 밤에 해 둘 수 있는 일은 해 두는 것이다.

또, 이른 아침에 기분을 15분 정도 가만히 관찰해 보면, 점점 기분이 좋아진다는 것을 알 수 있을 것이다. 머리가 맑아지면서 원기가 차오르고, 낙관적으로 되며, 그 날에 해야 할 일을 해낼 수 있을 것이라는 자신이 점점 차오른다.

사람이 민첩해지는 것은 오전 중반이거나 그 조금 후. '조용한 에너지'를 가장 경험하기 쉬운 때가 이 시간대이다.

따라서 중요한 일, 높은 능력이 요구되는 일 등은, 이 시간에 하는 것이 좋다. 또, 사교성도 높아지기 때문에 회의나 미팅 등에도 좋은 시간대이다.

일의 상태나 스케줄에 의해서는, 이 시간대가 '긴장된 에너지'의 최고조가 되는 시간일 경우도 있다.

오후도 중반으로 접어들면, 바쁜 상태가 자신이 하고 있는 일의 에너지를 부족하게 만들기 시작하며, 점차 집중력도 둔해지는 '긴장된 피로' 상태가 시작된다. 이 시간에는 성질이 급해지기 쉬우며, 개인적인 문제에 대해 생각하는 데는 적합하지 않다. 그것은 저녁 무렵의 '평온한 피로' 때까지 남겨두도록 하자.

개인적인 문제나 걱정을 하기 위해 매일 30분 정도의 시간을 할애한다면 자연적으로 해결책을 발견할 수 있을지도 모른다. 게다가 자고 있을 때 불안해하거나 걱정하거나 하는 일이 적어질 것이다.

이른 저녁부터 저녁 중반 무렵 까지는 독서나 사교에 적절한 시간이다.

친한 사람들과 접촉하는 것으로 의식을 뚜렷이 하고, 명석한 상태를 유지할 수도 있기 때문이다. 파티 동안에는 말짱했는데도 불구하고 끝난 후 바로 잠이 들어 버렸다는 사람이 많을 것이다.

로버트 세이어는, 여러 연구와 실험을 통해 '평온한 에너지'라 불리는 상태가 가장 중요한 일을 하기에 적합하다고 주장했다.

인간이 가장 민첩해지는 것은 오전 중반이나 그보다 조금 후라고 한다.

그는, 개인적으로 심각한 문제를 갖고 있는 사람들에게 하루 다섯 번, 열흘간에 걸쳐 문제의 심각성을 평가하도록 하는 실험을 했다. 이 다섯 번이란 '일어나자마자 바로', '오전 늦게나 이른 오후', '저녁', '잠들기 직전' 그리고 '기분 좋게 10분 동안 걸은 후'의 다섯 번이었다. 마지막의 산보는 다른 4가지 시간대에서 최저 90분 이상 사이를 비우게 했다.

그 결과, 피실험자들이 문제를 더욱 심각하게 생각한 시간은 오후가 대부분으로, 늦은 아침 시간에는 낙관시하는 경향이 있었다. 이것은 그의 저서 『하루하루 느끼는 기분의 기원(The Origin of Everyday Moods)』에 보고되어 있다.

피실험자들이 가장 비현실적으로, 개인적인 문제를 필요 이상으로 심각하게 생각했던 것은 긴장하여 피로가 쌓였을 때라고 세이어는 주장한다.

이 영향력에는 주의가 필요하다. 피곤해져 있을 때에 장래의 계획을 세우면 할 수 있을 리가 없다고 단정지어 버릴지도 모르기 때문이다.

한편, 원기에 차 있을 때 일에 대한 계획을 세우면 현실 이상으로 성공을 확신할 지도 모른다.

이상적으로 말하면, 요구조건이 엄격하고 잠재적으로 스트레스를 쌓이게 하는 일이나, 중요한 일을 하는 것은 원기에 차고 머리가 명석한 시간대에 해야 할 것이다. 오후 늦게부터 중요한 일을 시작하는 것은 대부분의 사람에게 있어 좋지 않다.

자야 할 시간이 돼서, 늦어지고 있는 대금 지불이나 자녀의 문제에 대해 논의하거나 휴가 계획을 세우는 것은 타이밍이 나쁘다.
여러 가지 조건을 생각하지 않으면 안 되는 논의는, 높은 집중력
과 에너지를 필요로 한다. 주말 아침이 가장 좋을 것이다.

 ## 오후에 낮잠을 자는 것이 일의 효율을 높인다

한낮이 지나면, 많은 사람들이 일시적으로 졸음을 느낀다. 무엇
이 원인인지, 사람에 따라 그 정도가 틀린 것은 어째서인지는 아
직 알지 못한다. 단, 점심시간 이후 졸음이 오는 현상은 점심식사
를 했는지의 여부나 식사를 한 시간과는 관계없이 일어나는 듯하
다. 또, 식사를 하지 않는 편보다 식사를 하는 편이 더 심하게 졸
음이 온다.

어떤 연구에서, 젊은 남성을 세 집단으로 나누어, '1,000킬로칼
로리의 점심을 먹은 사람', '300킬로칼로리의 점심을 먹은 사람'
그리고 '점심을 먹지 않은 사람'으로 분류하여 점심식사 후의 졸
음이 오는 정도를 비교했다.

점심의 내용을 알아보면, 탄수화물을 많이 섭취하고 있다는 것
을 알 수 있었다. 쌀이나 파스타, 빵 등으로 대표되는 탄수화물에
는 사실은 졸음을 유발하는 작용을 하기도 한다.

점심식사 직후에 낮잠을 잘 기회를 주자, 식사를 한 사람들은
거의 전부 잠에 들었다. 식사의 양과는 관계없이, 평균 90분 정도
잠들었다. 한편, 점심을 굶은 사람들도 대부분 잠을 잤지만, 시간
은 30분 정도에 불과했다.

단, 졸음을 예방하기 위해서라고 해도 점심을 굶는 것은 별로 좋지 않다. 규칙적인 식사는, 건강을 유지하기 위해서도 중요하기 때문이다. 차라리 점심을 가볍게 먹고 탄수화물을 되도록 피하는 것을 권한다.

규칙적으로 식사를 하기 전에 낮에 졸음이 오는 것을 막는 방법으로는, 너무 당연한 얘기지만 전날에 충분히 잠을 자는 것이 중요하다.

또한, 특히 낮에 졸아서는 안 되는 사람들은 앉은 채로 하는 지루한 작업은 피하도록 하자. 흥미 있는 프로젝트에 몰두하면 졸음을 느끼지 않고 지나가버리는 예가 많다.

전형적인 사무업무를 보는 사람은, 이 시간대에 다른 사람과 이야기를 하거나, 전화를 걸거나, 서류정리를 하는 등의 육체적인 작업을 하여 졸음을 느끼지 않도록 하루 일의 페이스를 조절하자.

오타와대학의 로저 브로튼은, "대부분의 사람들은, 점심시간 후에 졸음이 오도록 생체시계에 프로그램 되어 있다"고 한다. 인간은 밤이 되면 장시간 잠에 들고 낮에는 짧은 시간 동안 잠들지만, 이것은 자연적인 행동인 것이다.

국가에 따라서는 점심시간 후에 긴 휴식을 허용하고 있다. 하지만 그런 관습도 국가를 초월한 글로벌 경제에 희생되고 있으며, '현재 수면 중입니다' 라는 표지를 사무실 문에 내거는 풍경은 아직 그리 많지 않다. 이러한 가운데, 미국 산업계에서는 직업 현장에서의 낮잠을 허용해야 한다는 움직임이 일고 있다.

이 아이디어는 아직 생소하다. 수면실을 설치한 회사가 신문기사에 나올 정도이다.

하지만 수면의 전문가들은 사무실에서의 낮잠을 권하고 있다. 낮잠은 사람의 민첩함과 생산성을 높이고, 일에서의 실수를 줄여 주기 때문이다.

따라서 다음의 권고사항이 도움이 될 것이다.

▶ 가장 효율적인 하루를 보내기 위해 조정을 한다
- '가장 안락한 시간'에 해야 할 업무와 그 업무에 필요한 환경을 맞춘다. 편리함이 개인의 최상의 시간을 선택하는 핵심인자이다.

▶ 몸을 움직여서 기분전환을 꾀한다
- 의자에서 일어나 몸을 쭉 펴거나 가벼운 산책을 하면 긴장이 풀어진다. 무릎을 굽혔다 펴는 운동도 활력을 준다. 친구에게 전화를 걸어 이야기하거나 천천히 식사를 하는 것도 좋다.

▶ 스피드가 요구되는 일은 오전 중에, 암기는 오후에 한다
- 학교 과목으로 말하자면, 수학 같이 재빨리 처리할 필요가 있는 것은 오전 중에, 역사나 어학 같은 것들은 오후에 하는 것이 효과적. 시험 등을 위한 복습은 아침에 한다.

▶ 연설이나 회의의 연습은 당일 아침에 한다
- 연설을 위한 원고나 회의에서 발언할 내용의 메모를 확인하는 것은 그 날의 아침이 좋다.

▶ 세미나나 강습 등은 이른 오후에 한다

• 가장 집중력이 높아지는 시간으로 예정을 정한다. 점심시간 후, 졸음이 오기 전의 시간이 효과적이다.

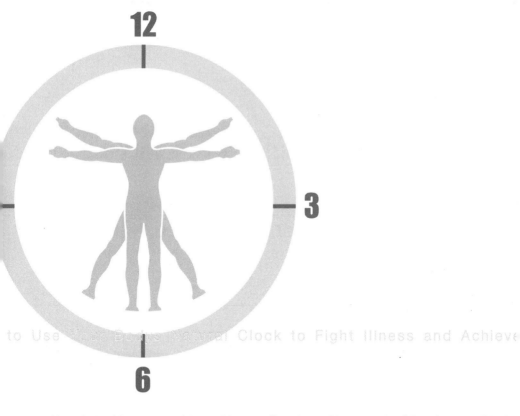

눈에 띄게
건강해지는 식사법

6장

「하루 세 번 식사」가 생체시계에 저장되어 있다

하루에 세 번 식사를 한다고 하는 것은 단순한 습관일까?

신생아는 대략 90분에 1번꼴로 음식을 달라고 운다. 생후 2~3개월이 되면 이것이 하루에 4~5번 정도로 줄어든다. 그리고 생후 4~6개월로 접어들면 성인과 같이 하루 세 번꼴로 변화를 보인다.

또, 시간을 알 수 없는 방 안에서 아무 때나 식사를 할 수 있도록 하는 연구에서도 사람은 하루 세 번 식사를 한다. 평소처럼 잠들었다 일어나서 1시간 이내에 첫 식사를 하고, 이후 깨어 있는 동안에 두 번을 보통 때와 거의 같은 간격으로 식사를 한다.

대부분의 피실험자들이 느끼는 하루는 24시간이 조금 넘지만, 식사의 횟수나 양은 늘지 않는다. 하루가 48시간이 되고, 18시간 잠을 잔다 해도 식사는 세 번 하게 되고, 체중도 유지된다. 일상생활에서도 마찬가지이다. 배고픔을 느끼는 것은 하루 세 번이다. 정상적인 체중을 가지고 있는 건강한 성인이 30분에 한 번씩 배고픈 정도에 순위를 매겼을 때, 오전 7~8시, 정오, 오후 7~8시의 시간대가 가장 많았다. 특히 심한 배고픔을 느끼는 것은 정오라는 결과가 나왔다.

피츠버그대학의 연구자들은, 20~90세까지의 건강한 남녀 약 2백 명을 대상으로 2주일간에 걸쳐 하루의 행동을 기록하도록 하였다. 참가자들은 식사, 일, 가사, 운동, TV 시청, 수면, 그리고 개와 산책하거나 친척에게 전화 걸기 등을 언제 누구와 했는지 기록했다.

그 결과, 대부분의 사람들이 평일에는 매일 아침 거의 같은 시간에, 주말이나 휴일에는 그보다 약 1시간 정도 늦은 시간에 아침 식사를 한다는 사실을 알 수 있었다. 주말에는 아침식사가 약간 늦어지지만, 그래도 점심이나 저녁은 보통 때와 같은 시간에 먹은 사람들이 대부분이었다. 그리고 중년층 이상의 연령층에서는, 주말에도 늦잠을 자는 일이 거의 없이 매일 거의 같은 시간에 식사를 한다는 사실을 알 수 있었다.

이 연구에서 티모시 몽크 등은, 행동의 리듬과 신체의 리듬이 상호간에 영향을 미친다는 사실을 발견했다. 행동의 리듬에는 생활을 효율적으로 만드는 작용이 있는 것이다.

대부분의 식사를 배우자 또는 다른 정해진 상대와 함께 하는 고령자들은, 혼자 식사를 하는 고령자들과 비교했을 때 균형이 잘 잡힌 식생활을 하고 있었다.

혼자 사는 독신자들은, 이따금 식사하는 것을 '잊어버렸다'든가 식욕을 잃었다는 등의 하소연을 할 때가 있다. 규칙적으로 식사를 하는 것은, 하루라고 하는 시간을 몸에 알려주어 가족이나 배우자를 사별한 슬픔을 극복하는 데 도움을 줄지도 모른다.

또, 식사를 규칙적으로 하는 사람은 잠도 규칙적으로 자는 경우가 많다. 이런 사람들은 자원봉사 활동이나 사회활동에도 적극적으로 참가하기 때문에, 하루 중 외출할 기회가 많고, 좀 더 많은 햇볕을 쬐게 되어, 우울증의 예방에 도움이 된다. 또한, 어떤 병으로 약을 복용한다고 해도 그 시간을 지켜, 소화기관도 그 기능을 잘 발휘하는 경우가 많다.

인간은 나이를 먹어감에 따라 빨리 자고 빨리 일어나게 되며, 식사를 하는 시간도 빨라진다.

퇴직자가 많은 곳의 레스토랑에서 '이른 아침 특별메뉴'가 인기를 끄는 이유 중 하나이다. 인생을 통해 아침형의 인간은 저녁형보다 식사시간이 빠르다. 아침형이 좋아하는 식사는 아침식사이고, 저녁형은 저녁식사라는 것은 제 2장에서 이미 소개한 바 있다. 아침형은 비교적 아침식사에 시간을 들이며 먹는 양도 많다. 저녁형의 사람들 세 명 중 한 명은, 아침에 시간이 없기 때문에 아침식사를 하지 않기도 한다.

규칙적인 식사를 하면 다른 리듬도 그에 맞추어진다

시차에 적응하지 못한 여행자가 생체시계에 맞지 않는 시간에 식사를 하면, 시차에 적응하게 될 때까지의 며칠간 설사나 변비로 고생하는 일이 종종 있다.

교대제로 근무하는 사람은 근무시간이 일정한 사람보다 위에 문제가 생기기 쉽다. 통계에 의하면 설사나 변비, 가슴앓이, 소화성 궤양 등의 질환을 낮 동안 일하는 사람들에 비해 2배 이상 앓는다고 한다.

배고픔과 같은 소화기관의 리듬은, 깨어 있어도 밤이 되면 저하하기 때문에 야근하는 사람은 보통의 식사를 하지 않는 경우가 많다.

그 대신에 자주 감자 칩이나 초콜릿 바 등의 지방, 탄수화물이 많은 간식을 먹는다. 뇌가 '잘못된' 시간에 깨어 있는 것을 위험 상황으로 인식하고 곧 에너지의 보급이 필요하다고 판단할지도 모르나, 몸에 큰 부담을 주게 된다.

겨울철에 우울증이 되는 등의 계절성 감정 장애를 갖고 있는 사람은 가을이 되어 해가 짧아짐에 따라 괜히 먹을 것, 특히 탄수화물이 들어 있는 것들이 먹고 싶어진다. 평소보다 먹는 양이 늘고, 체중도 늘어난다. 하지만 봄이 되어 해가 길어지면 식욕도 원래대로 돌아온다. 겨울이 되면 여름보다 몇 사이즈가 큰 옷이 아니면 입지 못한다는 사람도 있다.

과식증은 대량의 식사를 급하게 섭취하게 되는데, 밤에 일어나는 경우가 많다. 밤은 몸이 식사를 소화하는 데 대비하고 있지 않기 때문에, 천천히 소화할 수밖에 없다.

잠든 채로 잠자리에서 일어나 먹을 것을 입에 넣어버리는 야식증후군이라고 하는 병도 있다. 이 병에 걸리면 요리되지 않은 베이컨이나 고양이 먹이 등 평소에는 먹지 않는 것들조차 먹어 버리는 경우가 있다.

대부분의 경우, 아침이 되면 자신의 행동을 기억하지 못한다. 자신이 한 행동을 알게 되는 것은, 부엌이 어질러졌을 때라든가, 침대나 잠옷에 부스러기가 흩어져 있는 것을 발견했을 때이다. 어떤 연구에서는, 성인 환자 19명 중 대부분이 적어도 매일 밤, 많은 경우는 하룻밤에 두 번 이상 먹을 것에 손을 대었다고 한다.

미네아폴리스에 있는 미네소타지역수면장애센터의 칼로스 쉥크 등은, 수면실험실을 지켜본 결과, 야식증후군에 걸린 사람에게서는 장시간에 걸쳐 수면과 각성의 뇌 활동이 빈번하게 교차하는 기묘한 현상을 관찰할 수 있었다고 발표했다. 이것으로, 야식증후 군에 걸린 사람들이 무의식중에 걸어 다니며 먹을 것을 집어먹는 원인을 알 수 있었다.

이러한 사람들의 대부분이 감량하기 위해 낮에는 식욕을 참았지만, 결국은 하루 섭취량의 대부분을 밤에 취했다는 결과가 된다. 하지만 이 몽유병 증상을 억제하는 약을 투여하고, 낮에 균형 잡힌 식사를 하게 하는 것으로 대부분의 사람들은 회복하였다고 한다.

많은 여성들은 월경주기에 왠지 모르게 특정한 식품이 먹고 싶어진다고 한다.

생리 전 며칠간 가장 분비량이 늘어나는 프로게스테론이라고 하는 호르몬이 식욕의 증진이나 과식 등을 일으킬 가능성도 있다.

영양학자 데브라 워터하우스는 저서 『어째서 여성들은 초콜릿이 필요한가?(Why Women Need Chocolate)』에서 여성 열 명 중 일곱 명은 초콜릿이 먹고 싶어진다고 적고 있다.

생리 전이 되면 당분이나 지방분이 많은 특정 식품이 까닭 없이 먹고 싶어지는 것은, 신체가 자가치료를 시도하는 증거라고 그녀는 주장한다. 그리고 도를 넘어서는 양만 아니라면 먹어도 상관없다고 말한다.

초콜릿의 효능에 대해서는 매년 2월의 발렌타인데이 직전이 되면 종종 보도되곤 한다. 초콜릿의 성분에는 행복감을 늘리고, 가벼운 흥분작용을 하며, 필요한 영양분 중 하나로 정신을 안정시키는 마그네슘이 함유되어 있다는 것이 몇몇 연구로 알려져 있다.

현재, 진행되고 있는 하버드대학 졸업생의 건강상태 조사에 의하면, 초콜릿에는 장수하게 하는 효과도 있는지 모른다. 95세의 고령자를 포함한 8천 명 가까운 남성의 초콜릿 섭취에 대해 조사해 본 결과, 초콜릿 바를 한 달에 1~3개 정도 먹는 남성은, 초콜릿을 먹지 않는 남성에 비해 1년 가깝게 오래 살았다고 한다.

✳ 적극적으로 건강을 증진하는 식사의 시간과 방법

그러면, 생체시계를 적당히 조절하기 위해서는 어떤 식사를 언제 하면 좋을까? 우리들의 몸은 3대 영양소라 불리는 것을 하루당 각각 정해진 양만 필요로 한다. 3대 영양소는 탄수화물, 지방, 단백질의 세 가지로, 에너지를 내고 신체를 성장시키기 위해 빠뜨릴 수 없는 것이다. 미국농무성(USDA)은 탄수화물 60%, 단백질 10%, 지방 30%, 합계 하루 평균 2,000칼로리의 식사를 권장하고 있다.

▶ 「아침식사」는 하루를 좌우하는 중요한 에너지원

아침에는, 자고 있는 동안 단식을 한 터라 에너지가 필요하다. 어떤 음식이라도 피로감을 없애는 데 도움이 되지만, 식사를 거르면 잠에서 깨어날 때처럼 무기력해진다.

도넛이나 스위트 롤(건포도, 견과류, 설탕을 입힌 과일 등이 들어 있는 두루마리 빵)등에 들어 있는 단순탄수화물을 피하고, 전립소맥분이 함유된 빵이나 시리얼, 과일에 들어 있는 복합탄수화물과 우유 또는 요구르트 등에 있는 단백질을 함께 섭취하면 좋다.

단백질이 풍부한 식사는, 탄수화물 중심의 식사보다 활력을 높이는 데 도움이 된다고 시카고 의과대학의 보니 스프링은 말한다.

▶「점심식사」는 민첩함을 유지시키기 위한 영양원

점심식사는 탄수화물에 대해서 단백질의 비율을 높게 하면, 민첩성을 증가시키고 유지하는 데 도움이 된다는 것을 여러 연구 결과가 증명해 주고 있다. 단백질은 지적 에너지와 밀접한 관계가 있는 뇌내물질 도파민의 분비를 촉진한다고 한다. 반면 탄수화물은 졸음과 관련된 뇌내물질, 세로토닌을 증대시킨다고 알려져 있다.

보통 점심식사 후 찾아오는 민첩성 저하를 최소화시키기 위해 300킬로칼로리 이내로 고단백의 식사를 하도록 권장한다. 구운 생선이나 껍질을 벗긴 닭, 다랑어, 코티지 치즈, 콩이나 쌀 등은 진정한 '파워 런치'라 할 만한 선택이다. 혹 단 것이 먹고 싶어질 때는 과일 또는 말린 과일 등을 먹도록 한다.

▶「저녁 식사」는 휴식 시간을 연출할 수 있는 메뉴로

저녁식사 때는 신체가 잠에 들 것을 예상하여 밤을 지내기 위한 약간의 지방을 필요로 한다. 120그램의 고기, 생선, 닭, 또는 불포화지방을 함유한 소스를 끼얹은 파스타 등으로 필요량을 충분히 섭취할 수 있다. 저녁식사 후 공복이 되는 데 걸리는 시간은, 아침식사보다 50% 길고, 몸이 식물을 소화하는 속도도 느려진다. 몸이 간장이나 근육 조직에 탄수화물을 저장하는 기능도 밤에는 낮보다 천천히 진행된다.

▶ 자기 전의 「간식」은 자연스러운 수면에 도움이 되는 것으로

졸음을 유도하는 탄수화물이 좋다. 과일이나 과일주스, 쿠키, 시리얼 등의 가벼운 스낵으로 충분. 잠자기 전에 너무 먹게 되면 편안하게 잠을 잘 수 없게 된다. 뜨거운 우유나 코코아 등을 좋아하는 사람도 있지만 과학적인 근거는 없다.

 ## 카페인의 효과적인 섭취 방법

카페인을 함유한 커피나 홍차를 마시게 되면, 15~30분 정도 후에 각성 효과를 느낄 수 있을 것이다. 카페인의 효능은 대부분의 사람들에게 3~5시간 지속하고, 10시간이나 지속된다는 사람도 있다. 잠자기 전에 카페인을 섭취하면 선잠을 자게 되고, 눈을 뜨는 횟수가 늘어난다. 전문가들은 잠자기 5시간 전부터는 카페인이 함유된 음료를 마시지 않도록 권장한다.

아침에 커피 같은 음료를 마시면 점심이나 저녁때에 비해 산뜻해진다는 사람이 많다. 하지만, 잠자리에서 일어난 후 1~2시간 이내는 신체가 자연적으로 각성하게 되어 있다. 카페인으로 산뜻하게 되는 효과를 잘 이용하려면 소량 섭취할 것. 커피, 홍차 등이라면 하루에 1~2잔 정도. 오후 집중력이 저하되기 전이나, 밤에 일을 해야 할 경우 등에 마시도록 한다. 하루에 커피 1~2잔 분의 카페인은 건강에 악영향을 미치지 않는다는 조사결과도 있다.

낮잠과 카페인을 잘 조합한다면 야근이나 철야로 인한 피로를 경감할 수 있다. 라이트주립대학 의학부의 마이클 보닛은, 수련의

가 야근 전날 오후 2시 이후에 2시간 정도 낮잠을 자고, 밤 1시에 커피를 두 잔 마시게 되면 졸리지 않는다는 것을 알아냈다. 오전 7시에 두 잔 더 마시면 다음 날도 졸음을 방지하는 데 도움이 되었다.

또는, 운전 중에 졸음이 온다면 차를 세워두고 커피를 한 잔 마시고, 그대로 효과가 나타날 때까지 15분 정도 잠을 자는 것이 좋다. 영국의 러프버러대학의 짐 혼에 의하면, 이 방법으로 최장 2시간 정도 졸음이 사라지고 운전자의 실수를 줄이는 것이 가능했다고 한다.

 ## 영양보조제를 섭취할 적당한 시기는?

균형 잡힌 식생활을 하도록 노력하기만 한다면, 필요한 비타민이나 미네랄은 모두 식사를 통해 섭취할 수 있다. 그렇지만 미국 성인들 가운데 약 90%는, USDA에서 권장하는 하루 5끼 분량의 야채와 과일을 섭취하지 않고 있다. 성인으로서 튼튼한 뼈를 유지하는 데 필요한 만큼의 칼슘을 섭취하는 사람도 거의 없다. 이에 따라, 대부분의 사람들이 영양보조제(supplement)를 필요로 하게 된다.

비타민에는 13종류가 있다. 4종류(비타민 A, D, E, K)는 체지방으로써 저장된다. 나머지 9종류는, 체내에 거의 저장되지 않는다. 여기에는 비타민 C, 티아민(B_1), 리보플라빈(B_2), 나이아신, 비타민 B6, 판토텐산, 비타민 B12, 비오틴, 엽산의 8종류의 비타민 B

군을 포함한다. 여기에 칼슘, 철, 셀레늄 등을 더하여 15종류의 미네랄 역시 필요하다.

이러한 비타민과 미네랄은 식사와 같이 섭취하는 것이 좋다. 위의 소화 작용으로 약도 같이 분해되기 때문이다. 단지, 비타민이나 미네랄 중에는 각각 서로에게 반응하거나, 다른 약물과 반응하여 충분한 효과를 발휘하지 못하는 것도 있으니 주의가 필요하다.

예를 들면, 칼슘과 철분은 각각 다른 약으로 정제되어 있다면 서로 다른 식사 때에 복용한다. 복합영양제에 들어 있는 경우에는 함유량이 적기 때문에 별 문제는 없을 것이다.

갑상선에 관련된 약을 복용하고 있는 사람은, 칼슘 정제와 철분 정제를 함께 복용하면 안 된다. 영양보조제를 섭취할 때는 의사와 상담을 하라. 특히, 무언가 다른 약을 복용하고 있을 때에는 어떤 시간에 복용하는 것이 좋을지 조언을 구하는 것이 중요하다.

▶ 효과적인 하루 세끼 식사를 위해서

• 균형 잡힌 아침식사를 한다

아침에 항상 서두른다면 전날 밤 가지고 갈 아침식사를 준비한다. 예를 들면 요구르트, 땅콩버터, 치즈, 전립소맥분 빵에 칠면조 고기를 넣은 샌드위치나 크림치즈를 얹은 도넛빵 그리고 과일 또는 과일주스 등이 추천할 만하다.

• 점심을 굶을 것이 아니라 하루의 중심 식사로 만든다

저녁식사보다 점심식사 때가 칼로리의 소비가 많다. 또 간식을 먹지 않기 위해 점심식사를 주요 식사로 해서, 섬유질이 많고 저지방인 식품을 고르도록 하자.

- **실제 시간보다 체내 시간을 중요시하라.**

  정해진 시간이 되었으니 식사를 할 것이 아니라, 배고픔을 느꼈을 때 식사를 하라.

- **저녁식사는 잠들기 4시간 이전에 한다**

  소화에 좋을 뿐 아니라, 칼로리도 소비되기 때문에 푹 잠을 잘수 있다.

- **저녁식사 후에는 부엌을 어둡게 한다**

  어둡게 해서 몸에게 '잠잘 시간' 이라는 것을 알린다. 만약 간식을 먹는다면, 야채나 과일, 버터가 들어 있지 않은 팝콘 등을 먹도록 한다.

- **잠자기 전에는 술을 마시지 않는다**

  잠들 시간이 가까워졌다면 술은 되도록 피할 것. 감량 중 배고픔을 느낀다면, 식사 전에 수프나 과일, 야채 등을 먹을 것. 하루에 필요한 칼로리의 대부분은 점심식사 때까지 섭취한다.

- **감량은 장기적인 안목으로.**

  한 주나 두 주에 0.5킬로그램 정도 줄이는 것을 목표로 한다. 이것이 영구적인 체중 감량을 위한 현실적 목표. 가을과 겨울에는 현상유지를 목표로 하고, 금세 결과가 나올 수 있는 것은 봄이라는 사실을 기억해 두자. 달성하기 쉬운 목표를 설정한다.

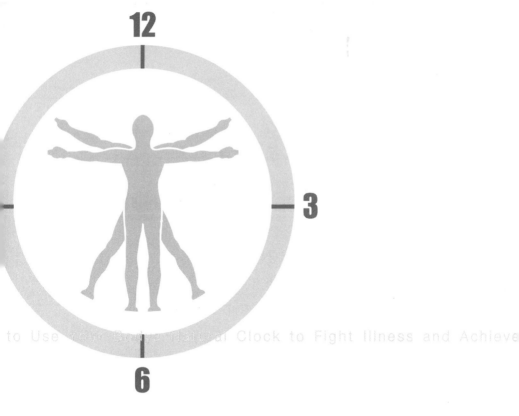

운동능력 향상을 약속하는
체조와 스포츠

7장

생체시계에서 본 체조와 스포츠

근력이나 스피드, 정확도나 유연성, 판단속도, 집중력, 내구력 등은 하루 동안 크게 변화한다.

그렇기 때문에, 몸에 적당한 때에 운동을 하면 운동능력도 올라가고, 다칠 위험도 적어지며, 더 즐겁게 할 수 있고, 오래 지속할 수 있다. 또, 달라진 모습도 더 빨리 느낄 수 있을 것이다.

또한 스포츠는 생체시계의 흐트러짐을 예방하고, 식사시간이나 수면 등 신체의 리듬을 일정하게 유지시키는 데 도움이 된다고 한다.

뒤집어 말하면, 이러한 리듬에 주의하며 스포츠나 체조를 하지 않으면 운동능력은 내려가고, 다칠 수 있는 가능성도 높아지며, 고통을 느낄 수도 있다는 것이 된다.

연구 결과에 의하면, 하루 동안 잘못된 시간에 운동하는 것은 술을 많이 마신 뒤나 세 시간밖에 잠을 자지 못한 후에 운동을 하는 것과 마찬가지라는 것을 보여주고 있다.

신체적인 능력이 가장 좋고 부상의 가능성이 가장 낮은 때는, 오후 늦게부터 이른 밤까지라고 하는 연구결과가 있다.

스탠포드대학의 연구자들은, 가장 뛰어난 육상 선수들 가운데 60% 이상이 컨디션이 가장 좋을 때는 오후로 특히 오후 3~6시 사이가 많다는 사실을 확인했다.

올림픽 선수나 미국의 전국대학체육협회(National Collegiate Athletic Association)의 뛰어난 육상 선수들에게, 컨디션이 가장 좋다고 느껴지는 시간대는 언제인가라는 질문을 했다. 대상이 된 남자 10명, 여자 18명에는 육상주자, 수영, 농구 선수들이 포함되어 있었다. 그 결과, 오전 9시~정오가 가장 컨디션이 좋다고 대답한 선수가 20%를 약간 상회하고, 오후 6~9시라 대답한 선수들이 20%, 아침 9시 이전이나 저녁 9시 이후라고 대답한 사람은 없었다.

그러면, 시간대에 따른 우리들의 생체시계와 체조, 스포츠에 적당한 시간을 비교해 보자.

▶ 오전 6~9시

우선, 균형 잡힌 아침식사를 한다. 이것은 체조선수나 기수(騎手), 복싱 선수, 레슬링 선수 등 일정한 체중을 유지해야 하는 사람들에게 있어서 특히 중요하다. 몸은 아침에 섭취한 음식물은 곧 소비하고, 저녁에 섭취한 음식물은 저장해 두는 경향이 있다.

▶ 오전 11시

극한 활동과 연관되어 일어나는 근육통에 대한 내성이 최고조에 달하는 시간. 격렬한 운동을 하고 2~3일 후에 일어나는 유형의 근육통은, 밤에 운동하는 사람들이 가장 가볍다. 류머티즘성 관절염과 골관절염을 앓고 있는 사람들은, 하루 중 염증이나 통증의 강도가 정해진 패턴으로 나타나기 때문에, 편하게 운동할 수 있는 시간대와 그렇지 못한 시간대가 있다.

▶ 오후 2~3시

특히 아침에 격한 운동을 한 사람은 이 시간에 심한 졸음이 온다. 또 이 시간은 움직임이 둔해지고, 스태미너가 부족한 듯이 느껴진다. 그래도 이 시간에 몸을 움직이는 행위는 의식을 또렷하게 할 수 있다는 장점이 있다. 이 시간에 언제나 졸음이 오는 사람은 빠른 걸음으로 주변을 걷는 등 몇 분간 적당한 운동을 하면 재충전할 수 있다.

▶ 오후 2~7시

근력은 악력(握力, hand-grip strength)으로 쉽게 알아볼 수 있다. 이 시간대에는 누구나 악력이 최고조에 달한다. 하루 중 최고와 최저의 편차는 약 6%이지만, 골프를 하는 경우 하루 중 늦게 치는 편이 아침 일찍 보다 클럽을 꽉 쥘 수 있을지도 모른다.

▶ 오후 3~5시

기도가 최대한으로 열리는 시간대. 호흡이 가장 편해지므로 적은 양의 힘으로 운동을 할 수 있다.

▶ 오후 5~9시

등, 다리, 팔 등의 근력은 하루 중 크게 변화한다.

어떤 연구에서 조사대상 수영선수 16명 중 9명, 육상주자 6명과 투포환 던지기 선수 3명의 전원, 또 보트경기 선수 1명이 아침보다 저녁때의 성적이 좋았다.

또 다른 연구에서는, 밤에만 연습을 한 사람이 아침에만 연습을 한 사람보다 20% 근력이 더 향상되었다는 결과가 나왔다. 눈과 손의 협력이 가장 잘 되는 것도 이 시간대가 최고. 이것은 라켓을 사용하는 스포츠나 농구, 원반던지기 등에 유효하다.

▶ 오후 6~8시

대부분의 사람들의 체온이 하루 중 가장 높아진다. 단 아침형은 그 최고점이 빠르고, 저녁형은 느려지게 된다. 근육이 가장 유연하고, 반응속도도 빠르다. 스피드와 순발력 양쪽이 요구되는 단거리 계주나, 수영 등의 스포츠에 최적인 시간. 정확한 타이밍과 미묘한 근육 컨트롤이 필요한 체조나 피겨스케이트 등의 스포츠에도 최적의 시간대이다.

 ## 여러 가지 스포츠에 보다 적합한 시간대를 알기 위해서

무릇 스포츠에서는 순간적으로 다음 행동(패스냐 슛이냐 등)을 판단하거나, 연습 도중에 받은 조언을 생각해내거나, 재빨리 계산하는 것 등이 요구된다.

각각 다른 지적 기능은 하루 동안 각각 다른 시간대에 최고조에 이른다.

예를 들면 단기간 기억은 아침에 더 좋고, 장기간 기억은 오후에 더 잘 할 수 있다. 이 차이는 상황도 반영하고 있다. 예를 들면 코치가 내린 지시에 선수가 어느 때나 주의를 기울인다면, 그렇지 않은 경우보다 항상 기억이 잘 될 것이다.

시간의 감각은 체온에 의해 변화한다. 여러 스포츠에 빠뜨릴 수 없는 중요한 감각이라고 말할 수 있을 것이다. 다이빙이나 체조, 스케이트, 육상 트랙 경기를 생각해 보자. 인간은 체온이 높으면 시간의 흐름을 실제보다 조금 더 길게 느끼는 경향이 있다. 몸에 열이 있는 어린이나 환자들이 어머니나 간호사를 불러도 늦게 온다고 생각하는 이유가 여기에 있다.

반대로 체온이 낮으면 시간의 흐름을 조금 더 짧게 인식한다. 늦은 오후 또는 이른 밤 시간이라면, 30초가 몇 초 정도 더 길게 느껴진다. 아침이라면 똑같은 30초가 더 짧게 느껴진다. 이론적으로는, 이 감각 때문에 육상 선수들은 하루가 후반으로 접어들면 시간의 경과를 실제보다도 빠르게 느끼고, 속도를 올릴지도 모른다. 한편, 아침이라면 선수들은 시간이 천천히 흐르는 듯이 느끼고, 속도를 늦출지도 모른다.

아침형인가 저녁형인가 하는 형태의 차이도 스포츠의 수행이나 취향에 영향을 미친다.

아침형은 보통 이른 시간에 활발한데, 이것은 저녁형보다 빨리 체온이 상승하기 때문이다. 직장에서 실시한 연구에 의하면 무언가 작업을 시킬 때 아침형은 아침에 효율이 좋고, 저녁형은 밤에 효율이 좋았다고 한다.

반면 스포츠와 관련된 연구에서는 이렇다 할 큰 차이는 발견되어 있지 않다.

이러한 연구 중, 아침형과 저녁형에게 각각 실내용 자전거를 움직이게 한 실험이 있었다. 연구자들은 피실험자들의 운동 시 심장

박동수, 피로감, 산소의 소비량 등을 조사했는데, 모든 수치에서 아침형과 저녁형 사이에는 차이가 없었다.

아침형과 저녁형이 자신이 편한 시간대에 할 수 있는 스포츠에 끌리는 것인지, 아니면 프로 육상 선수가 되면 그에 관계없이 경기가 열리는 시간에 힘을 발휘하게 되는 것인지는 아직 알지 못한다.

어떤 연구에서는 태양이 내리쬐는 시간에 경기를 하는 골퍼들과 야간에 경기를 하는 수구 선수들을 비교한 결과, 골퍼들은 아침형과 유사한 경향이 있다는 결과가 나왔다.

다른 연구에서는 아침에 경주를 하는 사이클링 선수들이 아침형과 유사점이 많았다.

대부분의 사람들은 나이를 먹어감에 따라 아침형으로 변한다. 대개 50대를 넘어가면, 젊었을 때에 비해 아침에 산보나 조깅, 테니스를 즐기는 경우가 많아진다. 물론 관절염이나 호흡장애 등, 이러한 취미를 방해하는 질병이 없다는 조건이 붙는다.

생체시계를 생각하면, 가장 적합한 시간에 운동하는 것이 중요하다. 그 기준은 스포츠의 종류와 '가장 컨디션이 좋다' 라고 느끼는 시간이다.

스포츠가 힘든 일처럼 느껴진다면 그 운동 시간이 적합하지 않을 수도 있다. 하루 24시간을 분석한 연구에 의하면, 동일한 운동이라도 저녁보다는 아침에 하는 것이 더 힘들다고 한다. 따라서 운동부족임을 자각하여 스포츠를 시작한 것이라면, 몸이 그 시간에 적응할 때까지는 오후에 운동을 할 것. 가능하면 낮에 야외에서 몸을 움직이도록 한다. 밝은 빛을 쬐는 시간을 늘리면 몸의 리듬도 이에 적응하기 때문이다.

월경주기와 시차부적응도 스포츠의 성적에 영향을 미친다

여성의 경우, 주기에 따라 반응하는 호르몬의 양이 몸의 기능 또는 심리적인 영향에 강하게 반응하는지도 모른다.

여성의 체온은 월경개시 전 주가 되면 높아진다. 많은 여성들은 이 시기에 부종이나 유방의 통증, 처짐, 수면의 변화 등에 시달린다. 아무리 열심히 운동을 하고 있는 사람이라도, 이러한 증상은 불쾌할 것이다. 이 시기에는 부정적인 기분이 가장 강해진다. 한편, 긍정적인 기분은 월경이 끝나면서부터 배란기까지 높아진다.

이러한 기분의 변화는, 노력해야지 하는 의욕뿐 아니라 근본적으로 운동을 할 기분이 되는 것에 영향을 미친다.

격렬한 스포츠나 트레이닝은 월경주기를 혼란시켜서 생리를 멈추게 하는 경우도 있다. 체중을 조절하고 체지방률을 낮게 유지하려고 하는 체조 선수나 댄서, 달리기 선수 등이 가장 영향을 받기 쉽다.

어떤 연구에 의하면, 여성 육상선수 중 20%가 심한 훈련 때문에 생리가 멈추었던 적이 있었는데, 일반 여성은 그 확률이 5%에 불과하다.

일주일에 130킬로미터 이상을 달리는 여성들 가운데, 거의 50% 가량이 생리를 하지 않는다는 조사 결과가 있다. 달린다고 하는 행위가 뼈에 지속해서 부담을 주기 때문에, 뼈의 강도를 유지하기 위해 생식 시스템에 의해 에스트로겐이 공급되는 것이다.

운동 중에 체중을 지탱해야 할 필요가 없는 수영이나 사이클링 선수는, 달리기 선수에 비해 월경 이상이 훨씬 적다. 이러한 증상은 보통, 트레이닝을 줄여서 체지방을 늘리면 원래대로 돌아온다.

미시간대학과 신시내티 스포츠 의학 클리닉의 연구자들은, 월경 주기의 10~14일째 날에는 흔한 발목 부상인 전십자인대(前十字靭帶, Anterior Cruciate Ligament)에 취약한 시기라고 지적했다.

전십자인대(ACL)는 무릎 관절의 가운데를 지나 무릎의 선회운동을 조절한다. 전십자인대는 지나치게 늘어나면 찢어지는 일이 있는데, 이것은 육상 선수들이 양 다리로 꼿꼿이 선 채 상체를 비틀 때 자주 일어나는 부상이다. 농구나 축구, 배구 등에서 자주 보이는 움직임이다.

여성의 경우 남성에 비해 2~8배, 전십자인대 부상을 입기 쉬운데, 부상을 입은 경우 1년간의 재활운동이 필요한 경우가 많다. 이러한 부상을 입은 젊은 여성 40인을 대상으로 조사한 정형외과의 에드워드 보이티스는, 월경주기의 중간쯤에 부상을 입는 경우가 상당히 많다는 사실을 발견했다.

에스트로겐과 '리랙신(relaxin)'이라는 이름의 호르몬의 농도는, 배란이 일어나는 월경주기의 중기에 가장 높아진다. 에스트로겐(estrogen)과 리랙신이 무릎의 부상에 어떤 영향을 미치는지는 현재로는 알 수 없지만, 월경주기를 조작하거나 여성에게 다리 근육의 사용법을 바꾸도록 지도하는 것으로, 부상을 줄일 수 있는 것이 아닐까 하는 가설도 있는 듯하다.

시차부적응으로 인해 운동 능력이 지장을 받는가?

올림픽에서 미국의 다이빙 금메달리스트인 그렉 루가니스는, 1980년 모스크바 올림픽 예선에서 발판에 머리를 부딪쳤다. 그는 시차부적응으로 인해 컨디션이 흐트러진 것이라고 말했다.

또, 피겨스케이팅 세계 챔피언 데비 토마스는 1988년 캐나다의 앨버타 주 캘거리에서 열린 동계올림픽에서, 연기를 시작하고 15초 후 넘어졌다. 그녀가 경기를 했던 시간은 오후 11시. 평소 같으면 이미 자고 있을 시간이었다.

잠이 들지 않는다, 집중이 안 된다, 짜증이 난다, 기분이 우울하다, 시간이나 거리 감각이 흐트러진다, 위장이 상한다 등의 시차부적응 특유의 증상은, 육상 선수들에게 있어 치명적인 영향을 미친다.

이러한 증상은 몇 개의 시차 구역을 넘나든 후의 2~3일간 특히 심하다. 일반적으로 시차 구역을 하나 넘는 것으로, 거기에 적응하는데 하루가 걸린다고 한다. 그러나 모든 리듬이 완전히 정상적으로 돌아오는 데는 2~3주 가량이 필요한 경우도 있다.

같은 시간대 안에 있는 남북으로의 이동이라도 선수들은 피로를 느끼곤 한다.

스트레스나 평소와 다른 침대, 새로운 환경에서의 경기, 익숙지 않은 식사 등, 여행의 여러 가지 요건이나 환경 등도 스포츠의 능력에 악영향을 미치는 경우가 있다. 반대로, 여행의 흥분이 자극이 되어 좋은 성적을 거두는 일도 있다. 게다가, 시차부적응에 괴로워하는 정도에는 개인차가 있어서, 같은 사람이라도 여행을 할 때마다 증상은 달라진다. 또, 몸의 컨디션을 미리 조정해놓은 사람은 시차의 변화에 빠르게 적응할 수 있는 듯하다.

원정을 떠나는 선수들은, 연습을 할 때 미리 경기시간을 상정해 두고 그에 맞추어 연습을 한다면, 성적이 좋아질 것이라 생각된다.

예를 들면, 보스턴 마라톤에 출전할 예정인 서부해안의 선수들은, 현지 출발 시각의 정오에 해당하는 서부해안에서의 오전 9시에 훈련시간을 맞춘 다음, 보스턴으로 이동한 후에도 원래 시간대로 수면을 취하도록 하면 더 좋은 성적을 올릴 가능성이 있다.

동부해안에서 오전 9시에 시작하는 경주라면, 서부해안에서 오는 선수들의 경우 시간 조정이 좀 더 힘들어진다. 주자는 오전 5시에 일어나서, 충분한 워밍업을 한 뒤 동부해안 시간에 맞추어 오전 6시에 거리에 나오지 않으면 안 된다.

생체시계는 주로 일광에 의해 조정되기 때문에, 이른 아침에 햇볕을 쬐면 생체시계는 어느 정도 앞당겨져 서부해안의 주자들이 동부해안의 시간에 적응하는 데 도움이 된다.

생체시계를 현지로 이동하기 전에 완전히 맞춰 두는 것은 불가능할지도 모른다.

왜냐하면, 거기에는 수면이나 연습시간뿐 아니라, 생체시계를 조절하는 데 일조를 하는 식사나 일 등의 사회적인 습관도 맞추지 않으면 안 되기 때문이다.

현재, 미국의 올림픽위원회는 각 팀에 대해 경기가 열리는 지역에서 시합 전에 연습을 하는 것을 권고하고 있다. 비용이 만만치 않지만, 많은 팀들이 2~4주 전에 현지에 도착하고 있다. 2000년 올림픽에서는 이동을 두 단계로 나누어서, 중간지점에 며칠간 체재한 팀도 있다.

이 방법을 이용하면, 이동 때의 피로를 경감해 주며, 복수의 시간 구역의 변화를 한 번에 적응하지 않으면 안 되는 스트레스를 최소한으로 줄일 수 있는 효과가 있다.

운동은 수면에 도움이 되는가, 방해가 되는가?

대부분의 사람들이 운동을 하면 잠이 잘 온다고 믿고 있다.

그 이유 중 하나는 피로와 졸음을 혼동하는 데에 있지만, 그 둘은 서로 다른 것이다. 속보로 16킬로미터를 걸어가면 피곤할지도 모른다.

그러나 전날 밤에 충분한 수면을 취해 두었다면, 평소보다 잠이 잘 오지 않을 것이다. 과학자들은 운동과 졸음에 어떤 관계가 있는지를 해명하기 위해 상당한 노력을 경주해 왔다.

운동과 졸음에 대한 논문 중, 1965~95년 사이 영문으로 발표된 것을 조사해 본 결과 모두 38건 이상이었다.

모든 논문들은, 동일인의 수면이 운동을 한 날과 운동을 하지 않은 날 어떠한 차이가 있었는가를 관찰하고 있었다. 4백 명 이상의 피실험자들 중 반 정도가 젊고 건강하며 잠도 잘 자는 대학생들이었다. 평소에 몸을 잘 관리하는 사람도 있었고, 그렇지 못한 사람도 있었다.

샌디에이고 소재 캘리포니아대학의 숀 영스테드 등은, 메타 분석(meta-analysis)이라고 하는 수법을 이용해 이들 연구들의 결과를 비교해 보았다.

가장 주목할 만한 발견은, 사람들은 운동을 한 후에는, 하지 않았을 때와 비교해 약 10분간 오래 잠에 들었다는 점이었다. 운동시간이 길수록 수면시간도 늘어났지만, 그 차이는 분 단위에 불과했고, 몇 시간에 걸친 차이는 없었다. 또 운동을 한 후 잠에 들기까지의 시간이 짧아지는 일도 없었고 길어지지도 않았다.

운동은 잠을 자는 데 약간의 영향밖에는 미치지 못하였다.

가장 깊게 휴식을 취하고 있다고 생각되는 깊은 수면상태는 4분 정도 늘고, 선명한 꿈을 꾸게 되는 렘수면이 7분 정도 줄었다. 또 꿈을 꾸기 시작할 때까지의 시간이 13분 정도 느려졌다. 꿈을 꾸는 렘수면에의 영향은, 그 차이는 얼마 안 되지만 흥미로운 일이다. 우울증에 처방되는 약을 먹어도 비슷한 현상이 일어나기 때문이다.

운동을 하면 기분이 좋아진다는 사실은 잘 알려져 있지만, 이 발견은 그것을 설명하는 데 도움이 될 것이다.

운동이 수면에 미치는 영향은, 체온과 관계가 있을지도 모른다. 인간의 체온은 운동을 하고 있는 동안 올라가고, 그만두면 내려간다.

수면에 대한 연구에 의하면, 체온이 하강하고 있을 때 잠을 자면, 체온이 상승하고 있을 때 잠을 자는 것보다 휴식의 효과가 높다고 하는 깊은 수면이 좀 더 많아진다. 또, 그 시간도 길어진다.

다른 연구에서는, 자기 전에 목욕탕이나 사우나에 30분 정도 들어가 몸을 덥히면 깊은 수면 상태가 길어진다는 사실을 발견했다.

여기서 세울 수 있는 가설은, 운동을 하면 인위적으로 체온이 올라가며, 그 뒤 평소에 비해 급속히 체온이 내려가기 때문에 더 잠을 잘 잘 수 있다는 것이다.

스포츠 선수는 일반적으로 운동을 하지 않는 사람에 비해 하루 동안 변화하는 체온의 차이가 크다. 그 차이는 50%라고 하니 꽤 큰 차이다. 스포츠 선수의 체온 사이클의 최저점은 섭씨 0.5도나 낮다.

지나치게 운동을 하게 되면, 잠이 잘 오지 않는 경우가 있다.

평일 과도한 운동으로 인해 주말쯤 온몸이 지쳐버린 선수들은 '오늘밤은 잠이 잘 오겠지' 하고 생각할 것이다.

하지만 실제로는 그 반대로, 근육의 뻐근함과 통증이 잠에 드는 것을 방해할지도 모른다. 평소에는 근처를 조깅하던 사람이 마라톤에 도전해 보려고 생각한다면, 조금씩 뛰는 거리를 늘릴 필요가 있다. 이렇게 하면 우선 잠이 잘 오지 않는 일은 일어나지 않고, 여기서 예를 든 연구가 보여주듯이 잠의 질이 좋아질지도 모르기 때문이다.

야간 운동은 불면증 해소에 효과적이다

그러면, 잠들기 직전에 운동을 하면 어떤 영향을 받을 것인가? 많은 논란을 불러일으키는 문제이다.

일반인들을 대상으로 한 수면에 관한 책들 중 많은 책들이, 잠 자기 전에 운동을 하면 흥분작용을 하여, 잠이 들지 않게 된다고 경고하고 있다.

잠들기 너무 오래 전에 운동을 해도 쾌적한 수면에는 도움이 되지 않는다고도 한다. 운동은 잠들기 4~8시간 전에 해야 한다는 조언은, 이 시간에 운동을 하고 잠에 든 사람들은, 운동을 하지 않은 때에 비해 잠드는 것이 8분 정도 빠르다고 하는 연구 결과에 기초하고 있다.

하지만, 하루의 마지막에 운동을 하는 것에는 몸을 편하게 하는 효과가 있으며, 긴장을 제거하고 피로감을 가져다주기 때문에, 잠이 잘 들 것이라는 주장도 있다.

영스테드 등의 연구로는, 평소부터 몸을 단련시켜 온 남성 16인의 사이클 선수에게 실험실 안에서 햇볕과 유사한 인공 빛을 쪼이게 하고, 3시간에 걸쳐 격렬하게 자전거를 몰게 하고, 끝나고 30분 후 잠에 들게 했다. 이러한 장시간의 무리한 운동에도 불구하고 그들은 평소와 같이 잘 잠에 들었다고 한다.

아시카와공업대학(足利工業大學)의 고바야시 도시노리(小林敏孝) 등은, 평소 운동을 하지 않는 학생 10명을 대상으로 하루의 여러 시간대에 격렬한 운동을 한 경우에 받는 영향을 조사했다. 전원이 오후 10시 반~11시 반 사이에 운동을 했을 때, 오전중이나 저녁때에 운동을 한 경우에 비해 잠이 빨리 들고, 잘 잘 수 있었다고 평가했다.

이러한 결과로부터, 애당초 잠을 잘 자는 사람이 운동을 해도 큰 효과는 없을지도 모른다.

하지만, 연령에 관계없이 불면증에 시달리는 환자나 교대제로 근무하는 사람들, 자주 출장이나 여행을 가는 사람들에게는 도움이 될 가능성도 있다.

스탠포드대학 의학부의 연구에서, 오랜 세월 불면증에 시달리는 중년층 성인 30명을 대상으로 각각 세 종류의 다른 치료를 4주간씩 실험해 보았다.

첫 달째에는 규칙적으로 일과를 시행하는 것에만 초점을 맞춘다.

낮잠을 자지 않고 밤에만 잠을 잘 잘 수 있도록 했다. 다른 달에는 규칙적인 수면과 함께 매일 아침 45분간 햇볕과 유사한 인공빛을 쬐게 하거나, 매일 밤 45분간 빠른 걸음으로 산책을 하게 하는 등의 두 가지 방법 중 어느 한 쪽을 시험했다.

실험에 있어서 크리스티앙 기유미노 등에 의하면, 광선치료가 가장 효과적으로 피실험자들은 매일 밤 평균 54분 정도 더 잠을 잤다고 한다.

운동을 한 경우 수면시간은 17분 정도 길어졌다. 규칙적으로 잠을 자는 것만으로는 거의 효과가 없었다. 햇볕을 쬐거나 운동을 하는 타이밍도 결과에 영향을 미쳤을지도 모르지만, 양쪽 모두 효과가 있다는 것은 분명했다.

스탠포드대학에서 행해진 다른 연구에서, 중간 정도의 수면 장애를 가지고 있는 고령자 43명이 4개월에 걸친 운동 프로그램에 참가했다.

속보로 걷기나 가벼운 에어로빅을 주 4회, 저녁식사 전에 30~40분간 실시했다. 비교를 위해 다른 그룹에게는 평소대로의 생활을 계속하게 했다.

이 결과, 운동을 한 그룹에서는 매일 밤 수면시간이 평균 1시간 가깝게 늘어났고, 잠을 잘 자지 못해 짜증을 내는 일도 줄었으며, 수면의 질이 전반적으로 상승했다. 하지만 운동을 하지 않은 그룹은 여전히 잠을 잘 자지 못했다.

적절한 운동은, 잠을 제대로 자지 못하는 고령자들에게 좋은 영향을 미치는 것으로 생각된다고, 애비 킹 등은 말한다.

고령자들은 일반적으로 너무 빠른 시간에 잠에 들어 버린다, 곧 잘 잠에서 깬다, 잠을 깨는 시간이 너무 빠르다 등 생체시계에 깊이 관련된 수면장애에 시달리는 경우가 많다. 이러한 문제를 겪고 있는 사람은, 밤에 운동을 한다면 늦게까지 일어나 있을 수 있을지도 모른다.

▶ 효과적인 체조 · 스포츠를 위해

• 우선은 시작할 것, 가능하면 오후에 한다
지금까지 전혀 운동을 하지 않았던 사람은, 우선 스케줄을 정해서 오후에 체조나 스포츠의 시간을 정해 둔다.
• 체조 · 스포츠는 옥외에서 한다

하루 중 가장 밝은 시간대에 태양광을 쬐는 것으로 생체시계를 잘 조절할 수 있다.

- **'컨디션이 좋은' 시간에 한다**

자신이 해 보았던 스포츠와 컨디션이 좋은 시간을 고려해 스케줄을 세운다.

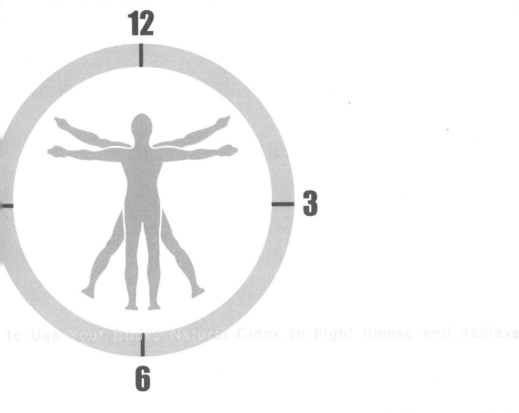

시차부적응을 최소한으로 억제하는 특별한 방법 | 8장

시차부적응 증상을 정확하게 파악하자

직업 때문에 세계 곳곳을 돌아다니는 비즈니스맨이 아니더라도, 해외여행 등으로 시차부적응을 겪어본 경험이 있을 것이다. 말할 것도 없이, 시차를 넘어 다니는 비행기의 영향이다.

비행기를 타면 독수리처럼 빨리 날아가지만, 생체시계는 거북이처럼 천천히 따라간다. 변화의 속도가 이렇게 느리긴 해도, 멀리 이동하지 않을 때는 도움이 되기도 한다. 거주지역의 시간에 우리를 고정시켜 주는 것이다. 만일 생체시계의 바늘이 어두운 극장을 출입하거나 또는 밤샘을 할 때마다 이리 저리 움직거린다면 굉장히 불편할 것이다.

우리 조상들은 배, 마차, 기차 등 어떤 운송기관을 이용했어도 시차부적응을 겪지 않았다. 초창기 이동 수단은 기껏해야 하루에 1,000킬로미터를 넘지 못했다. 이것은 대략 하나의 시차 구역을 통과하는 거리에 불과해 신체 리듬의 변화가 부지불식간에 이루어졌다.

그런데 비행기가 등장한 것이다. 오늘 밤 뉴욕에서 파리에 간다고 해보자. 이것은 동쪽을 향해 가면서 시차 구역을 6개나 통과하게 된다. 내일은 샹젤리제 근처를 거닐게 되겠지만, 몸은 여전히 뉴욕의 5번가를 걷고 있는 것처럼 느끼게 된다.

만약, 이것이 배였다면 뉴욕에서 프랑스까지 항해에 6일 전후가 걸린다. 일출 일몰을 기준으로 일정한 시간에 일어나고 잠에 든다면, 배에서 내릴 때에는 몸이 자연히 프랑스의 시간에 맞추어지게 된다. 시차부적응(jet lag)의 'lag'란, 생체시계와 현지시간의 lag(지체)인 것이다.

보통, 체온이 가장 낮아지는 것은 잠들어 있을 때이지만, 시차를 넘어 목적지에 도착한 후 며칠간은 일어나 있을 때 낮아지는 경우가 있다. 몸이 깨어 있는지 어떤지의 리듬은 체온과 비례하기 때문에 멍하니 있고 집중력이 떨어지며, 전신에 피로를 느낄 것이다.

또, 좀처럼 잠이 들지 않거나, 밤중에 깨는 일도 있을지 모른다. 그리고 화장실에 가는 횟수가 늘어나거나, 재빨리 움직이지 못하고, 건망증이 심해질지도 모른다. 심할 경우에는 두통이나 근육통이 일어나기도 한다.

다음 페이지에는, 뉴욕에서 행해진 5일간의 의학회의에 출석한 약 3백 명의 의사 중심의 노르웨이인 집단에 대한 조사로, 뉴욕주립정신의학연구소의 로버트 스피처 등의 연구결과다.

귀국한 날과 그 다음 5일간에 걸쳐, 그들은 전형적인 시차부적응 증상 9종류의 유무와 그 정도, 그리고 그 빈도에 대한 질문에 대답했다.

그들은, 비행기 안에서 잠을 자려 할 때 눈가리개를 하고, 술은 마시지 않았다. 귀국 후는 평소와 같은 시각에 취침 기상하도록 하였고, 조사의 일환이었던 멜라토닌 캡슐 이외에는 약을 복용하지 않았다.

뉴욕에 4일간 체재한 후, 마지막까지 조사에 참여한 257명 가운데 85%는 시차부적응이 전혀 없거나 '약간' 밖에 없었다고 답했다. 시차 구역을 6개 넘어서 귀국한 후의 첫날에는 65% 정도가 적어도 '중간 정도'의 시차부적응을 겪고 있다고 대답했다.

【시차부적응으로 가장 힘든 증상】

증상	첫날째 느낀 사람의 비율(%)	6일째 느낀 사람의 비율(%)
낮에 졸린다	72	4
피로감이 느껴진다. 또는 쉽게 피로해진다	69	1
낮에 각성도가 저하	40	1
집중력, 사고력이 저하	40	1
무기력, 늘어지는 느낌	32	2
머리가 멍하다, 눈이 핑핑 도는 등 머리에 불쾌감이 느껴진다	30	2
왠지 모르게 힘이 들어가지 않는다	29	2
몸이 잘 움직여지지 않는다	17	1
기억력에 문제가 있다	13	0

 ## 시차부적응 증상은 동쪽으로 갈 때보다 서쪽으로 갈 때 덜하다

동쪽으로 향하는 비행기에 타고 여행을 하면, 평소보다 빠른 시각에 잠이 들고, 일어나게 된다. 다시 말해서, 하루의 시간이 짧아진다고 하는 것이다. 한편, 서쪽으로 향하면 평소보다 잠드는 것이 늦어지는 경향이 있어, 하루가 길어진다. 생체시계에 있어서의 하루는, 보통 24시간보다 약간 길기 때문에 밤에 늦게 잠드는 것이 편할 것이다. 다시 말하면, 동쪽으로 향했을 때에는 아침에 평소보다 더 졸리는 경우가 많고, 서쪽으로 향할 때에는 밤에 평소보다 더 졸리는 경향이 있다는 것을 알아두자.

즉, 동쪽으로 향했을 때에는 오후가, 서쪽으로 향했을 때에는 오전 중에 머리가 맑아진다는 것이다.

예를 들면, 미국 동부해안에 있는 비즈니스맨이 시차가 6시간인 런던으로 출장을 간다. 영국 시간 오전 9~11시에는 미국에서 온 사람이 머리가 멍해지는 경우가 많기 때문에, 중요한 회의 등은 피하는 것이 좋다. 하지만 오후 2~4시에는 슬럼프가 나타나는 영국인과는 달리 의식이 또렷해지기 때문에 회의 등을 하기에 유리하다고 할 수 있다.

이것은, 서쪽으로 향했을 경우 생체시계와 비행기가 같은 방향으로 진행한다는 것이 원인이다. 동쪽으로 향했을 경우 생체시계의 일부 리듬은 일찍 변경되고, 다른 리듬은 나중에 일어난다. 예를 들면, 동쪽 방향으로 시차 구역을 8개 넘어가면 일부 리듬은 8시간 더 일찍 이동하게 되고, 다른 리듬은 16시간 더 늦어지는 것으로 나타난다. 이런 혼란된 상태에 몸이 적응하는 과정에서 동쪽으로 가면 서쪽에 비해 힘들어지는 현상이 나타나는 것이다.

예를 들어 뉴욕에서 동쪽으로 시차 6시간인 파리에 간다. 체온이 가장 낮아지는 것은 뉴욕의 시간으론 오전 4시였는데, 도착 후의 파리 시간으로는 그것이 오전 10시가 된다.

따라서 첫째 날에는 오전 10시 이전에 밝은 빛을 쬐는 일을 피하고, 늦은 오전에 옥외에서 시간을 보낸다. 이렇게 하면 생체시계는 다음 날에는 하루의 시작을 빨리 해야 한다고 느낀다. 완전히 파리의 시간에 적응하게 되면, 귀국 시에 체온이 가장 낮아지는 것은 파리 시간의 오전 4시가 된다. 이것은 뉴욕 시간으로 오후 10시에 해당한다. 뉴욕에서 저녁나절에 볕을 쬐도록 하면, 이 시간을 뒤로 늦추게 된다.

예일대학의 광선 연구자인 댄 오렌과 그 동료들은 저서 『시차부적응을 이기는 법(How to Beat Jet Lag)』에서, 비행의 목적지가 세계 어디라 하더라도 비행 후 며칠간 따라야 할 지침 프로그램을 제공하고 있다.

그러면, 그 중 시차부적응을 최소한으로 억제하기 위한 방법을 소개해 본다.

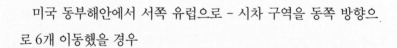

【시차부적응에 대한 대책 가이드】

미국 동부해안에서 서쪽 유럽으로 – 시차 구역을 동쪽 방향으로 6개 이동했을 경우

1. 비행기에 탑승해 이륙한다
2. 출발지 시간으로 오후 10시 이후에 태양광을 쬐면, 시차부적응을 극복하기가 어렵다. 따라서 출발지 시간으로 오후 10시가 되면, 어디에 있더라도 짙은 선글라스나 눈가리개를 하도록 한다. 오후 10시 이후 잠들 것이 예상된다면 자도록 한다.
3. 목적지에서의 첫째 날 아침 : 비행기는 약 8시간 후, 6개의 시차 구역을 지나 착륙한다. 현지시각으로 오전 10시가

될 때까지 선글라스를 쓰고, 가능한 한 활동을 피한다. 오전 10시 이전에 빛을 쬐거나 활동하면 시차부적응의 해소가 어렵게 된다.

4. 현지시각으로 오전 10시가 되면, 선글라스나 눈가리개를 벗는다. 오전 10시 이후, 특히 오전 10시~오후 1시 사이에 빛을 쬐도록 한다. 가능하면 이 시간대에 가능한 한 오랫동안 빛을 쬐도록 한다.

주의: 태양이나 할로겐전구를 직접 보아서는 안 된다. 이 시간대에 비행기에 타고 있는 경우에는 창가 좌석에 앉도록 할 것. 지상에 있다면 가능한 한 옥외로 나간다. 실내에 있어야 할 경우에는 창 가까이나 조명이 밝은 방에 있을 것을 권한다.

목적지에 도착한 첫날에는 피로를 느끼겠지만, 그것은 시차 부적응이라기보다는 하룻밤을 자지 못한 탓이다. 하루의 마지막에, 아침까지 푹 잠을 잘 수 있도록 낮이나 밤에 잠시 잠을 자는 것은 피하는 것이 좋다. 잠시 잠을 잘 것이라면 오후 2~8시 사이에, 될 수 있는 한 짧은 시간만 자도록 한다.

5. 목적지에서의 첫째 날 밤 : 현지시각으로 오후 9시~오전 0시에 잠자리에 들도록 한다. 밤을 새기가 쉽지만 무리를 해서라도 잠을 자도록 한다. 오전 0시를 지나서까지 일어나 있거나, 빛을 쬐거나, 돌아다니면 시차부적응을 해소하기 어렵다. 잠들기 전에 커튼을 닫고, 눈가리개를 한다.

6. 목적지에서의 이틀째 아침 : 오전 8시까지는 잠을 자거나

방 안에 가만히 있는다. 오전 8시 이전에 일어났다면 선글라스를 쓴다. 오전 8시까지 아침 해를 피하면 시차 부적응을 극복하는 데 도움이 된다.

7. 오전 8시가 지나면 반드시 일어나서 활동한다. 또, 오전 8시가 되면 선글라스는 벗도록 한다. 오전 8~11시 사이에 눈을 뜬 상태로 활동을 하고 빛을 쬔다. 가능하다면 오랫동안 빛을 쬐도록 한다.

주의 : 태양이나 할로겐전구를 직접 보아서는 안 된다.

가능한 한 옥외로 나간다, 실내에 있어야 할 경우에는 창가 또는 조명이 밝은 방에 있도록 한다.

8. 목적지에서의 이틀째 밤 : 현지시간으로 오전 0시까지는 잠자리에 들 것. 오전 0시가 지나도 일어나 있거나 빛을 쬐거나, 활동을 하거나 하면, 시차부적응의 해소가 어려워진다.

9. 목적지에서의 사흘째 아침 : 목적지에 체재중일 때에는 일어나야 할 시간을 정해서 일어난다. 늦잠은 피하도록 하고, 오전 중에는 활동을 하여 빛을 쬐도록 한다.

주의 : 태양이나 할로겐전구를 직접 보아서는 안 된다.

『시차부적응을 극복하는 법 : 비행기로 여행하는 사람을 위한 실용 가이드(How to Beat Jet Lag : A Practical Guide for Air Travelers)』에서

이러한 스케줄대로 여행을 하기 위해선 노력이 필요하다. 실내

에서 행해지는 이벤트나 회의에 출석하지 않으면 안 되는 상황 등 장애도 있을 것이다.

1994년, 볼티모어 교향악단은 동쪽 방향으로 시차 구역이 13개나 되는 한국, 태국, 일본으로 연주 여행을 떠났다.

오케스트라 멤버들은, 완전한 밤낮 역전이라고 하는 신체에 있어서 가장 곤란한 변화에 대처하지 않으면 안 되었다. 그래서 한 달에 걸친 연주여행 이전에 시간생물학자 이스트맨이 시차부적응 방지책을 내놓았다.

낮의 리허설 시간과 밤의 공연을 참고하여 그녀가 생각해 낸 것은 오후, 특히 오후 4~6시 사이에 옥외로 나간다, 라고 하는 방법이었다. 오케스트라 멤버들은 실질적으로 분할근무(휴식시간을 길게 취하고 근로시간을 분할하는 제도)로 일하고 있었다. 밤의 공연 시에 각성도를 높여 두기 위해 오후 늦게 낮잠을 자는 습관을 갖고 있는 사람도 많았다.

거기에서 문제가 발생했다. 빛을 쬐는 것과 낮잠을 자는 것 중 어느 쪽이 좀 더 각성도를 높일 수 있을까? 대답은 '둘 다 하면 된다'였다.

이스트맨은 오후 일찍, 즉 점심식사 직후 하루 중 졸음이 오는 시간에 30분 동안 낮잠을 자도록 권했다. 그렇게 하니 늦은 오후에 옥외활동이 가능해졌다.

나중에, 옥외로 나가기로 한 멤버들의 대부분은 시차부적응 증상이 가벼워지고, 그리 고생스럽지 않았다고 고백하고 있다. 그날 늦게 밖에 나갈 수 없었다는 59세의 단원은 새로운 시간의 스케줄에 적응하기까지 열흘이 걸렸다고 한다.

오케스트라와 동행한 음악평론가 스티븐 위글러의 보도에 의하면, 도착하고 3일 후 그들에게는 여전히 시차부적응의 징후가 보였다고 한다.

밤 공연에서는 두통이나 피로에 시달리고, 음성이 갈라지고, 졸음을 견디며 연주를 하는 실정이었다. 그래도 프로다운 연주를 하는 데는 성공했지만, 공연이 중반으로 접어들자 점차적으로 시간에 적응하게 되었고, '마지막에는 스릴 넘치는 연주로 끝을 맺었다'라고 쓰고 있다. 사실 이 날, 버스의 스케줄 때문에 리허설이 오후로 미루어져, 멤버들이 낮잠을 잘 시간이 없었던 것이다.

그리고 3일 후, 오케스트라 연주는 청중을 열광의 도가니로 만몰아넣었다. 청중들은 몇 번이나 커튼콜을 요구했고, 이에 응하여 세 번의 앙코르 연주가 있었다.

이러한 멋진 연주는 연주 여행의 마지막까지 계속되었다. 신경을 써서 충분한 수면을 취하고 적절한 시간대에 외출을 한 것 이외에도, 음악가들은 단체로 여행하고 같은 호텔에 묵으며 같이 식사를 하였다. 이것은 모두 시차부적응을 경감하는 요인인 것이다.

시차부적응을 최소한으로 억제하기 위해서는 어떠한 스케줄로 빛을 쬐는 것이 가장 좋을까. 이에 대해서는 활발하게 연구가 진행되고 있다. 시차부적응의 경감에 가장 효과적인 빛을 쬐는 시간대와 그 양, 쬐는 시간의 길이와 횟수 등의 문제는 아직 해결이 안된 상태다.

현재로서는, 많은 여행자들이 자기 자신을 실험대상으로 해 시행착오를 거듭하고 있다. 만약 시험해 본다고 하면 '동쪽으로 여행을 하면 오전 중에, 서쪽으로 여행을 하면 오후에 빛을 쬔다' 라는 근본적인 원칙만은 머릿속에 넣어두자.

 ## 「멜라토닌」으로 시차부적응을 예방하는 방법

미국에서는 '멜라토닌' 이란 호르몬이 캡슐 형태로 시판되고 있다. 이것은 수면 유도제로서, 시차부적응 증상을 경감하는 데 쓰이고 있다. 그러면, 사용 방법을 예를 들어 소개해 보자.

예를 들면, 뉴욕에서 시차를 5개 넘은 런던으로 가는 경우 런던의 오후 9시는 뉴욕에서는 오후 4시다. 이 때, 출발일의 오후 중간쯤에 멜라토닌을 복용하면, 평소보다 빨리 밤이 시작된다고 뇌에 전달하게 된다.

또, 로스앤젤레스에서 서쪽 방향의 시드니로 가는 경우 6개의 시차 구역을 넘게 된다. 시드니의 오후 9시는 로스앤젤레스의 오전 3시이다. 출발 전의 오전 3시에 멜라토닌을 복용하는 것은 실용성이 없다. 하지만, 일단 현지에 도착해서 한밤중임에도 잠이 깨어 있을 때 먹는다면, 아직 잠을 잘 시간이라고 뇌에 알리게 된다.

어느 경우에도, 목적지에서 잠에 들어야 할 시간에 멜라토닌을 복용하는 것으로 원하는 시간에 잠을 자는 것이 가능하다. 시차부적응을 해소하기 위해서는, 잠들기 30~60분 전에 4일간 정도 복용해야 한다고 한다. 단지, 서쪽 방향으로 시차 구역 5개 미만의 여정이라면, 멜라토닌은 거의 필요가 없다. 이 정도의 여정이라면 몸의 수면 각성의 주기는 1~3일 만에 적응하기 때문이다.

서리대학의 조세핀 앨런트 등이 실시한 10년 이상에 걸친 조사에서는, 약 5백 명의 여행자들에게 다양한 분량과 스케줄로 멜라토닌을 복용하도록 해 보았다.

이 조사에서는, 백 명 이상에게는 멜라토닌을 함유하지 않은 약을 지급했는데, 멜라토닌을 사용한 사람은 시차부적응 증상이 절반 정도로 줄게 되었다고 한다. 또 멜라토닌에는, 시차 구역을 8개 이상 이동할 경우 가장 높은 효과를 보인다는 사실도 알아냈다. 조사에서는 동쪽으로 향하는가 서쪽으로 향하는가는 관계가 없었다.

【시차 부적응을 최소화하기 위해서는?】

〔출발 전〕

▶ **중요한 행사가 있으면 일찍 도착한다**

많은 운동선수들이나 음악가, 비즈니스맨들이 이를 실행하고 있다. 도착과 동시에 중요한 회의에 출석하게 되는 스케줄은 피하는 것이 좋다.

▶ **도착시간을 밤으로 한다**

목적지가 어디라 할지라도, 가능하면 밤에 도착하도록 한다. 잠을 잠으로써 피로도 풀리게 되고, 푹 자고 현지시간의 아침에 일어날 수 있다.

▶ **출발 전부터 목적지의 시간에 맞추어 생활한다**

출발 일주일 정도 전부터, 동쪽으로 향한다면 취침 기상 시간을 앞당기고, 서쪽으로 향한다면 늦춘다. 고작 1~2시간 차이라도 도착해서 몸을 적응시킬 수가 있다.

▶ 멜라토닌은 출발 전에 시험해 본다

멜라토닌을 복용하려 한다면, 평소에 잠을 잘 때 시험해 본다. 잠이 잘 오는가, 다음 날 기분은 어떠한가 확인한다.

▶ 도중에 하룻밤을 머무는 스케줄을 잡는다

장거리 비행이라면, 경유지 등에서 하루를 지내는 것을 고려해 본다. 같은 시간대를 이동한다고 해도, 피로가 줄어들 수 있다.

〔**기내에서**〕

▶ 탑승하면 바로 손목시계를 목적지의 시각으로 조정한다

목적지의 시간에 맞추어 밤이라면 자도록 하고, 낮이라면 오후 2~4시 사이에 잠을 자도록 한다

▶ 베개와 모포를 준비한다

눈가리개를 하는 등 사전 준비를 하고 잠을 잔다. 수분을 섭취하고, 가끔 통로를 걷는 등 기분전환을 한다.

〔**도착 후**〕

▶ 중요한 일정은 신중하게 결정한다

중요한 이벤트나 회의 등의 일과를 결정해야 한다면, 동쪽으로 향했을 시에는 오후, 서쪽일 경우에는 오전 중으로 예정을 잡도록 한다.

▶ 현지시간에 맞추어 행동한다

현지시간에 맞게 식사나 가벼운 운동 등을 한다. 빨리 적응하는 데 도움이 된다.

▶ 가능한 한 옥외에서 지내는 시간을 만들어라

동쪽으로 향했다면 오전 중, 서쪽이라면 오후에는 가능한 한 오랜 시간 동안 옥외에서 보낸다. 취침시간이 되면 졸리지 않다 하더라도 방을 어둡게 하고 자리에 눕는다.

▶ 카페인 섭취는 최소한으로 한다

아주 졸릴 때만 카페인을 섭취하도록 한다. 잠들기 5시간 전부터는 카페인은 피하라.

〔귀국 후〕

▶ 원래 시간에 따라 행동한다

동쪽으로 향했을 시에는 오전 중, 서쪽이라면 오후 늦게, 가능한 한 오랜 시간 옥외에서 햇볕을 쬐도록 한다. 평소와 같은 시각에 잠에 들도록 한다.

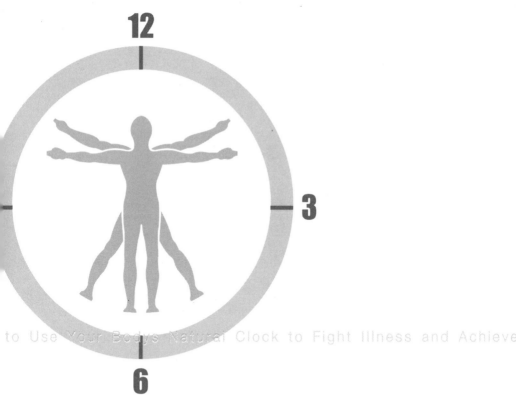

계획적인 섹스와
안전한 출산을 위해 | 9장

월경주기와 여성의 페로몬

부부인가 아닌가에 상관없이, 남녀가 섹스를 하는 날은 여성의 생리 첫 날부터 8일째가 가장 많았다.

여성의 성욕이나 성적인 공상은 그로부터 약 8일 후, 월경주기의 중간에 해당하는 배란기에 절정에 이른다고 알려져 있다. 여성의 생체시계에 커다란 영향을 미치는 성호르몬' 에스트로겐' 의 분비가 가장 많아지는 시기이며, 여성이 섹스를 원할 확률이 다른 시기의 두 배에 이른다.

임신하기 쉬운 시기이며, 종족보존이라고 하는 관점에서 보아도 완벽한 타이밍이다. 또한, 배란기와 생리 직전에 오르가슴을 느끼기 쉬워지는 경향이 있다.

필(피임용 알약)을 복용하지 않는 여성과 결혼한 남성은, 여성의 배란기에 섹스를 시작할 확률이 30% 정도 높다. 많은 전문가들은 여성이 어떤 종류의 냄새 없는 천연 성 유인 물질, 즉 페로몬(phe-romones)을 발산한다고 생각하고 있다.

페로몬은 동물의 교미 등에 영향을 미친다고 알려져 있는데, 최근의 연구에 의하면 인간도 영향을 받는다고 하는 지적이 있으며, 남녀 모두 특유한 페로몬을 발산한다고 하는 것이 정설이다.

일반적으로 연애의 계절이라 일컬어지는 것은 봄이지만, 사람들이 가장 많이 섹스를 하는 계절은 가을이다. 이것은 인간들 모두에게 마찬가지이다. 휴가나 섹스를 장려하는 종교, 백안시하는 종교, 섹스의 빈도를 변화시키는 일이 일어나도 마찬가지이다.

예를 들어 파리에서 행한 연구에서는 남성은 10월이, 가장 적었던 2월에 비해 2배나 섹스를 많이 했다고 한다.

이 주기는 일조시간이 짧아지는 것과 관련이 있을 가능성이 있으며, 생체리듬으로 설명이 가능할지도 모른다고, 파리 소재 로스차일드 재단의 알렝 렝베르와 파리대학의 미쉘 라고게이는 말한다. 가을이 되면 남성 호르몬인 테스토스테론(testosterone)의 분비가 증가한다고 하는 사실은 이미 입증되어 있다.

가을에 성적인 충동이나 섹스를 하는 횟수가 늘어나면, 당연한 일이지만 9개월 이후의 출생에 영향을 미친다. 미국과 같은 위도에 위치한 국가나 지역에서는 출생 수는 늦여름에 가장 많다.

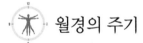

월경의 주기

영어의 '월경(menstruation)' '달(moon)' '한 달(month)' 이라고 하는 단어들은 모두, '시간의 척도(measurer of time)' 를 의미하는 그리스어가 어원이다. 여성의 월경주기는 약 28일로 달의 주기와 거의 같다. 이 길이는 생식연령의 처음과 마지막에 가장 변화가 심하며, 생식능력이 가장 높은 20~30대의 여성이 가장 안정되어 있다. 주기는 매달 2~3일 정도 어긋나는 경우가 많다. 어떤 연구에 의하면 가장 주기가 긴 것은 1월로 평균 29일, 가장 짧은 것은 4월로 약 26일이라는 것이 발견되었다.

월경주기의 전반과 후반, 즉 배란 전과 배란 후를 그래프로 그려보면 롤러코스터의 상하 움직임과 비슷하다.

상승 중, 난자는 난포 안에서 성장하고 에스트로겐의 양이 늘어난다. 월경주기의 첫 2주는 난포기이다. 롤러코스터가 정점에 도달했을 무렵 배란이 일어난다. 하강 중에는, 수태가 되지 않았다면 에스트로겐의 양이 줄어든다. 비어버린 난포는 황체가 되어 남은 주기 동안 프로게스테론을 대량으로 생산한다. 이것이 황체기라고 불리는 것이다.

그 다음으로 월경주기에 일어나는 일들을 설명해 보자.

▶ 1~5일째

월경. 출혈이 시작된 날이 주기의 첫날이다. 첫째 날, 에스트로겐과 프로게스테론의 분비는 한 달 중 가장 낮다. 시상하부는 전령 역할의 호르몬을 보내, 한 쪽(양쪽 모두일 때도 있다) 난소의 난포에 난자 몇 개를 방출할 준비를 하도록 전한다. 난포는 매우 활발한 에스트로겐인 에스트라디올을 생산하여, 자궁에 난자의 도착에 대비해 조직을 두껍게 하도록 한다.

▶ 6~10일째

에스트라디올이 늘어나고, 자궁벽이 더욱 두꺼워진다. 난자는 성숙하여 성욕이나 성적인 충동이 늘어난다. 월경주기의 배란기(전반의 2주간)의 날짜는 종종 변화한다. 배란이 언제 일어날지 정확히 예측하는 것이 어려운 것은 그 때문이다.

▶ 14일째

에스트라디올이 어느 정도 이상 많아지면, 시상하부는 다른 전령 호르몬을 한 번에 대량 생산하여, 그것이 방아쇠 역할을 해 배란이 일어난다. 이것은 경련 같은 복통으로 느낄 수 있는 때도 있다. 성숙한 난자는 난소로부터 난관으로 이동한다. 수정이 일어난다면, 그로부터 24시간 이내에 일어난다.

▶ 15~22일째

난자의 방출로 부서진 난포는 황체가 되어, 프로게스테론을 생산한다. 사용되지 않은 난자가 들어 있는 난포는 활동을 중지한다. 황체기는 14일간으로, 비교적 일정한 편이다. 프로게스테론은 자궁의 내막을 혈관이 풍부한 스펀지형의 조직으로 변화시켜, 수정란의 보금자리를 만들어 둔다. 프로게스테론의 분비는 하루에 체온을 섭씨 0.5도 정도 상승시킨다. 이 상승은 수태가 아니라 배란이 일어났다는 것을 나타낸다.

▶ 23~27일째

수정이 되었을 경우, 난자는 자궁에 착상하여 프로게스테론, 에스트로겐 양쪽 모두 농도가 높은 상태를 유지한다. 수정이 되지 않았을 경우, 두 호르몬은 농도가 낮아지며, 두꺼워졌던 자궁내막은 붕괴된다. 수정되지 않은 난자는 분해되어 자신도 모르는 사이에 몸 밖으로 배출된다.

▶ 28일째

수정되지 않았을 경우, 자궁에 불필요한 내막이 경부(頸部, cervix)를 통해 질로 배출된다. 월경이 시작되며, 프로게스테론이 무시해도 될 정도까지 낮아진다. 그리고 다시 새로운 주기가 시작된다.

▶ 월경주기의 시간표(MENSTRUAL CYCLE CLOCK)

제 27일 관절염, 천식, 당뇨병, 소화기관의 질병, 결합조직염,
고초열, 편두통, 발작, 피부 문제 등이 심해진다
(25~27일째)

제 25일 편한 잠을 이루기가 가장 어렵다

제 24일 부종(water detention), 체중증가, 유방의
당김이나 통증이 자주 일어난다

제 23일 월경전 증후군이 시작된다

제 22일 혈압이 높아진다

제 21일 월경전 불쾌기분장애(dysphoric disorder)
가 시작된다
프로게스테론의 농도가 가장 높아진다

제 19일 유방암 검사에는 15~21일째가 최적

제 18일 통증에 대한 내성이 최고가 된다

제 17일 체온이 상승

제 16일 팝테스트(자궁경부암 검사)에 최적
자존심이 강해진다

제 1일 출혈이 시작된다

제 2일 기분이 우울해진다

제 5일 에스트로겐의 농도가 상승

제 6일 폐경 전 여성을 위한 유방 X선 촬영은
6~14일째가 최적

제 9일 가장 편하게 호흡할 수 있다

제 10일 긍정적이고 밝은 꿈을 꾼다

제 13일 에스트로겐의 농도가 최고조에 달하며,
황체형성 호르몬이 급증

제 14일 배란이 일어난다 시각, 후각이 가장 예민해진다

제 15일 가장 수정되기 쉽다 성적공상, 성욕이 최고조
오르가슴이 격렬하다

친구 사이에 월경주기가 겹치는 까닭은 무엇인가?

1971년, 웨슬리대학의 어느 학생이 같은 기숙사의 여학생 135명을 대상으로 1년간 생리 주기를 기록했다.

현재는 시카고대학의 심리학 교수로 재직하고 있는 마사 맥클린톡은, 룸메이트나 친한 친구들 간에는 시간이 지날수록 생리의 타이밍이 가까워진다는 것을 발견했다. 여성들이 같이 보낸 시간의 정도가 월경주기의 동조라고 하는 신비한 메커니즘의 결정인자인 듯하였다.

다른 연구자들은 이 현상을 각각 다른 상황 하에서 조사하였다.

어떤 연구에서는, 베두인 족의 27가정을 조사하였다. 남녀를 엄하게 분리하는 사회였기 때문에 베두인 족의 여성은, 오랜 세월에 걸쳐 여성들끼리 가까운 생활을 하며, 생활환경도 서로 많이 닮았다. 경구피임약을 복용하는 여성은 거의 없었다.

이스라엘의 바르일란대학의 아론 웰러, 레오너드 웰러 등은, 이러한 조건은 월경주기의 연구에 최적이라고 했다. 그들은 다른 연구에서, 같은 집에서 생활하는 자매들은 침실을 같이 쓰는가 그렇지 않은가에 관계없이 생리가 거의 동시에 일어난다는 사실을 발견했다.

또 그들은 51명의 커리어 우먼들을 조사하기도 했다. 이 여성들은 적어도 1년 동안, 비교적 좁은 사무실에서 함께 풀타임으로 일하고, 그다지 다른 사람들과 만나지 않았다. 여기에서도 친한 친구들 간의 생리는 3~4일 이내에 일어났고, 한편 그다지 친하지 않은 동료일 경우 8~9일정도 차이가 있었다고 한다.

이런 연구들은, 친한 관계이긴 하나 지나치게 친하지는 않은 미묘한 관계가 월경주기를 촉진한다고 하는 것을 보여주고 있다. 어머니와 딸, 자매, 사이좋은 친구 사이 등의 관계에서 이러한 경향을 볼 수 있다. 같이 살기만 하는 관계나 직장에서 얼굴만 아는 동료들은, 긴 시간을 같이 보내지만 이렇게 되지는 않는다. 또, 레즈비언 커플처럼, 친구보다도 훨씬 친밀한 관계의 여성끼리도 주기는 겹치지 않았다고 한다.

마사 맥크린톡은, 지금도 이 분야의 연구를 계속하고 있다. 1998년, 그녀를 비롯한 연구진은 월경주기의 근저에는 페로몬이 있다고 하는 유력한 증거를 제시했다.

실험에서, 여러 여성의 겨드랑이 밑에서 무취의 분비물을 채취하여 다른 여성의 코 아래쪽에 묻혔다. 그러자 분비물을 묻힌 여성의 월경주기는 분비물의 제공자의 주기에 맞춰 늘어나거나 줄어들었다. 주기의 변화는 최대 14일 짧아지거나 12일 길어졌다. 이것은 통상의 주기 변화의 범위를 훨씬 뛰어넘는 것이라고 한다.

이 연구에 의해, 과학자들이 페로몬을 기초로 불임 여성의 월경주기를 조정하거나, 임신을 예방하는 약을 개발할 수 있는 가능성도 제시되고 있다.

월경주기의 동조는, 평생에 걸쳐 일어나는 배란의 사회적인 조절 중 한 예에 불과하다고 맥크린톡은 생각하고 있다. 쥐에 의한 연구에 의하면, 이러한 동조에는 실용적인 의미가 있다고 한다.

많은 암컷들이 동시에 발정하게 되면, 가장 우위에 있는 수컷 이외에도 교미의 기회가 주어지고, 그 결과 유전자 풀의 다양성이 늘어나기 때문이다. 같은 시기에 새끼를 낳은 암컷들은 서로 도와가며 모든 새끼들을 돌보기 때문에, 새끼들이 살아남을 확률도 높아진다.

인간의 경우도, 월경의 동조는 같은 가족 간이나 친구관계에 있는 여성들의 유대를 강하게 하는 작용을 하는 것인지도 모른다. 친한 소녀들 사이에서는 거의 동시에 초경을 하는 일도 적지 않다. 성인이 된 후에도 친한 친구 사이에서는 거의 비슷한 시기에 아이를 낳는다. 나이를 먹으면 비슷한 시기에 폐경을 맞는다.

여성들끼리 매우 자세하게 여성의 관심사에 대해 이야기한다는 사실을 알고 남성들이 놀라는 일이 가끔 있다. 생체 리듬을 공유하는 것이 사회적인 접착제의 역할을 하는 것이다.

 ## 「밝기」는 월경주기의 조절에 도움이 될까?

약 28일이라고 하는 규칙적인 주기는, 임신의 가능성을 높이기 위한 것이다. 하지만, 미국 여성 중에 25명 중 1명은, 35일 이상까지도 변화하는 생리불순으로, 불임에 고민할 확률도 높다.

1967년에, 매사추세츠주 베드포드의 생물학자 에드먼드 디완은, 생리불순인 여성에게, 월경이 시작된 날부터 14일째 밤부터 17일째의 밤에 걸쳐 실내의 조명을 계속 켜 두도록 조언했다. 조명은 100와트 전구로 달빛의 밝기와 비슷한 정도였다.

이 실험을 4개월에 걸쳐 행한 결과, 실험 전에 3주~9주까지도 변화하던 월경주기가, 곧 규칙적인 29일로 진정되었다고 한다. 또, 1990년 샌디에이고 소재 캘리포니아대학(UCSD)의 메이 린 등의 연구자가 생리불순의 여성 7명에게, 100와트의 조명을 침대의 베개로부터 90센티미터 떨어진 곳에 놓도록 지시하고, 13~17일째까지 잠자기 전 30분간, 책을 읽고 불을 계속 켜두도록 했다. 다른 9명의 여성들에게는, 암실에서 쓰는 명도가 낮은 적색 전구를 붙인 램프를 쓰도록 했다. 적색전구는 희미한 달빛 정도로, 책을 읽지는 못할 정도의 밝기였다.

그 결과, 100와트의 전구를 사용한 여성들은 월경주기가 규칙적으로 안정되었고, 약 46일에서 33일로 단축되었다. 하지만, 조명을 켜 두는 것을 중지하자 주기는 다시 길어졌다. 한편, 어두운 전구를 사용한 여성들의 주기는 변함이 없었다.

이들 결과로부터, 월경주기의 13~19일째에 걸쳐 빛을 쬐면 월경주기를 어느 정도 조절할 수 있다는 사실이 증명되었다.

그러면, 빛은 어떤 역할을 하는 것일까? 가설 중 하나로, 생리불순을 지니고 있는 여성은 생식에 중요한 역할을 한다고 생각되어지는 호르몬인 멜라토닌의 분비에 이상이 있을 것이다, 라는 설이 있다. 빛을 쬐는 것은 멜라토닌의 리듬을 정상으로 되돌리는 기능을 한다고 하는 것이다.

일정하지 않은 배란일

월경주기에서 설명한 대로, 수정은 배란 직후 약 24시간 이내에만 일어난다. 단지, 정자는 여성의 체내에서 3~5일 정도 생존 가능하기 때문에 수정에 적당한 기간은 배란일 5일 전부터 당일까지이다. 배란일을 하루라도 지나 버리게 되면, 섹스를 하더라도 임신할 가능성은 매우 낮아진다.

하지만, 배란의 타이밍은 정확히 파악할 수 없기 때문에 임신을 하고 싶지 않은 경우에 피임이 필요하다. 배란전이 되면 대부분의 여성의 주기가 흐트러진다. 이 때문에, 월경주기를 이용한 피임방법은 알약 등에 비해 실패할 확률이 높다. 이러한 피임 방법들은 일반적 또는 원칙적인 주기에 따라 배란일을 예측하기 때문에, 한 사람 한 사람의 여성의 주기와는 일치하지 않는 경우도 있는 것이다.

배란 시에 경련 등의 통증을 느끼는 여성도 있지만, 일반적으로 자궁경부의 점액을 조사하는 것으로 배란을 알아볼 수 있다. 또, 체온을 재어 배란 시에 0.5도 정도 체온이 올라가는 것을 확인하는 방법도 있다.

의사들은 아침에 일어나면 곧바로 재어보라고 권하기는 하지만 확실하지는 않다. 렘수면상태에서 일어나는 사람이 많아서 체온이 변동하기 쉽기 때문이다. 또한 체온이 며칠간에 걸쳐 높을 경우도 있다.

임신을 원하는 사람이 마음에 새겨둘 것

- 소변 조사 킷트를 사용한다

  약국 등에서 시판되고 있는 소변 조사 킷트로, 매월의 호르
  몬 양의 변화를 관찰한다.

- 좀 더 전문적인 기기를 준비한다

  컴퓨터 제어에 의한 『Clear Plan Easy Fertility Monitor』
  (Unipath Diagnotics제조)는 시험지로 조사한 소변으로부
  터 서서히 에스트로겐이 상승하는 과정과, 배란 약 16~23시
  간 전에 뇌하수체에서 생산되는 황체화 호르몬의 양을 측정
  한다.

  조사결과를 기억해 두고 몇 개월 동안 응용해 보면, 가장 임
  신하기 쉬운 5일간을 좀 더 정확하게 예측할 수 있게 된다.

 출산은 주로 밤에 하게 된다?

심야, 출산 징후가 시작되어 병원으로 달려가는 경우가 많다.
사실은 인간을 비롯한 주행성 동물들은 밤에 출산하는 케이스가
많고, 야행성 동물들은 낮에 출산하는 경우가 많다.

출산 때에는, 모자 둘 다 무방비 상태가 된다. 휴식을 위한 시간
대에 출산을 하는 것은 안전한 장소에 있을 확률이 크다는 장점이
있다.

1970년대에 기록된 2백만 건 이상의 자연 출산에서는, 오전 2~6시에 태어날 확률이 오후 2~6시보다 20%가 많았다. 그 뒤의 연구에서도 이 시간대에 가장 출산이 많다는 사실이 밝혀져 있으며, 그 확률은 첫 출산인가 아닌가에 관계없다고 한다.

또, 야간에 진통이 시작되는 여성의 경우, 일출 후에 진통이 시작된 여성에 비해 분만에 걸리는 시간이 평균 2시간 정도 짧다고 하는 이점이 있다. 더구나, 밤중에 진통이 시작된 여성이 출혈이나 출산에서 비롯되는 합병증에 걸리는 경우도 보다 적다. 또 아기의 상태도 낮에 태어난 아기보다 밤에 태어난 아기가 좋다고 한다.

단지, 현재는 진통촉진제를 사용한 분만이 일반화되어 있어, 자연적인 진통과 출산의 리듬에 기초한 통계는 정확하게는 파악할 수가 없다.

미국국립보건통계센터는, 1997년에 일어난 출산 중 1/3 가량이 인공적인 자극이나 유도 둘 중 어느 하나, 또는 양쪽 모두가 이용되었다고 보고했다. 이러한 경향은 출산이 일어나는 요일도 좌우하고 있다. 1997년의 통계에 의하면, 출산이 일어나는 요일은 화요일이 가장 많고. 토요일이 가장 적다. 일요일에 출산이 있었던 케이스는 화요일에 비해 27%나 낮았다.

자연에 맡기는 편이 더 안전하지 않을까 하는 주장도 있지만, 현재는 전문의가 담당하는 경우가 많다. 특히 건강한 출산이 아닌 경우에는 의료진들이 많은 낮에 출산하는 편이 안전하다. 또, 야간의 출산에는 의료진들이 피로해 있거나 인위적 실수가 발생할 가능성이 높아진다는 것도 고려해야 한다.

임신 중에 편안하게 잠을 자기 위해 주의해야 할 것

임산부 10명 중 8명은 임신하고부터, 특히 태아가 움직이기 시작했을 때부터 잠을 편히 잘 수가 없다고 호소하고 있다. 일반적인 임신의 기간과 수면의 경향은 다음과 같다.

▶ 1~3개월째(임신초기)

많은 여성들이, 평소보다 훨씬 졸음을 호소하며, 임신 전이나 임신중기 이후보다 많은 수면을 필요로 한다. 수태 후에 일어나는 프로게스테론이 급증하는 것에 의한 작용이라 생각된다.

▶ 4~6개월째(임신중기)

졸음은 많이 나아지지만, 프로게스테론은 출산 때까지 계속 높은 상태이다.

▶ 7~9개월째(임신후기)

태아에 의해 방광이 압력을 받기 때문에, 밤중에 몇 번이나 화장실에 가게 되는 일이 많아진다. 편한 자세를 취하는 것이 어려워지며, 다리의 경련이나 가슴의 통증을 호소하는 사람도 많다.

▶ 출산 후

출산 후, 처음 한 달간이 가장 잠에 들지 못하는 경우가 많다. 특히 첫 출산을 경험한 여성에게 그런 경우가 많다. 그 때문에 출산 후는 대부분의 여성들이 단기간의 우울증 증세를 보이며, 심각한 산후 우울증(postpartum depression)에 걸리는 사람도 있다.

157

임신 중, 가능한 한 잠을 잘 자기 위해 다음 사항에 유의하라.

• **몸의 좌측을 아래로 하고 잔다**

태아나 자궁, 신장으로 피가 잘 흐르게 된다. 베개나 돌돌 말
은 모포를 이용해 이 자세를 취하도록 하면 좋다.

• **자기 전에 수분을 섭취하지 않는다**

방광이 압박을 받기 때문에 화장실을 자주 가게 된다. 자기
전에는 가능한 한 수분은 취하지 않도록 한다.

• **낮잠을 잔다**

밤에 잠이 부족한 것을 보충하기 위해 낮잠을 잔다. 체력 회
복에도 도움이 된다.

 ## 폐경 전후와 폐경 때 일어나는 일

지금까지, 여성에게 있어서 갱년기 장애는 커다란 골칫거리였
다. 하지만 북미폐경학회가 1998년에 실시한 조사에 의하면, 폐경
후 대부분의 여성들이 폐경 전보다 행복감이나 충만감을 느끼는
일이 많다는 것이 밝혀졌다.

752명의 여성을 대상으로 조사한 결과, 절반 이상의 여성들이
폐경 후에도 배우자나 파트너와의 관계, 성적 관계는 변하지 않았
다고 응답했다. 변했다고 대답한 사람들 중, 성생활이 좋아졌다고
말한 사람과 악화되었다고 답한 사람이 각각 절반씩이었다.

폐경이 일어나는 평균적인 연령은 51세이지만, 갱년기 장애에
서 가장 많은 것이 '달아오르는 것(hot flashes)' 이다. 이것은, 에

스트로겐의 분비량이 저하함에 의해서, 체온을 조절하는 시상하부에의 지시가 혼란을 일으킨 것에 의한다고 생각되고 있다. 이 때문에 체온이 급격히 상승하여 얼굴이 뜨거워지는 현상이 일어나는 것이다. 이것은, 폐경기를 맞은 여성 가운데 75%가 경험하는 증상이다.

몸이 달아오르는 것도 하루의 주기가 있다. 대부분의 경우, 밤늦은 시각에 절정에 이른다. 평균적으로, 달아오름 증상은 6개월여부터 5년간 지속된 사례까지 있는데, 70대가 되어도 없어지지 않는 여성도 있다.

웨인주립대학 의학부의 수잔 우드워드의 조사에 의하면, 자고 있는 동안 달아오르는 현상은 거의 한 시간에 한 번 꼴로 일어나 3분 이상 눈 뜨게 한다고 한다. 달아오름 증상을 보이는 여성의 경우, 달아오름과는 별도로 평균 8분에 한번 꼴로 잠깐씩 눈을 뜨게 된다고 한다.

수면이라고 하는 과정은 눈을 떴다고 하는 기억을 극적으로 흐리게 하기 때문에, 얕은 잠을 잤다고 하는 사실은 거의 기억하지 못한다. 그 결과로서 주간에는 피로감, 나른함, 변덕, 우울증, 짜증의 증상이 나타나게 된다.

이러한 증상은 한꺼번에 갱년기 장애라고 불리고 있지만, 그녀는 간단히 취급할 문제가 아니라고 지적한다. 왜냐하면, 적절한 치료를 한다면 달아오름을 줄이거나 치료할 수 있으며, 잠이 잘 들게 하면 여성은 보다 쾌적하게 생활할 수 있게 되기 때문이다. 이러한 치료를 받는 것으로, 달아오름이 없어지거나 밤에 종종 눈을 뜨거나 하는 증상도 개선할 수 있다.

폐경기 특유의 증상은 에스트로겐의 감소가 원인

달아오름 외에도 질의 건조나 성교 시의 통증이나 가려움, 요도 감염증에 걸리게 되는 등의 증상이 폐경기의 여성에게 일어나는 특유의 증상이다. 이것은 호르몬의 일종인 에스트로겐의 분비저하에 의해 일어난다.

폐경은 병이 아니라 지극히 자연적인 현상으로써 치료의 필요가 없다는 주장도 있지만, 미국임상내분비학회(AACE)는 "폐경은 호르몬이 결핍된 상황이며, 치료를 필요로 한다"고 말한다.

AACE는, 의학계에서 발행되고 있는 가이드라인 속에서, 모든 여성이 감소한 호르몬을 보충하기 위해서뿐 아니라, 예방 의료의 차원에서 호르몬 보충요법(HRT)를 고려해야 한다고 쓰고 있다.

HRT에는, 에스트로겐만을 보충하는 경우와 에스트로겐과 프로게스테론의 일종인 프로게스틴을 보충하는 경우가 있으며, 어느 치료법이든 달아오르는 증상이 좋아진다. 또, 테스토스테론을 만들어 내기도 하여, 특히 성욕이나 성적충동에의 반응이나 오르가슴을 얻기 힘든 여성들에게 종종 쓰이고 있다.

갱년기 장애의 치료뿐 아니라, HRT에 의해 심장병에 의한 사망률이 1/3에서 1/2로 줄어든다는 사실도 밝혀져 있다. 미국 여성의 사인 가운데 심장병은 1위를 점하고 있기 때문에, HRT는 커다란 주목을 끌고 있다. 또 에스트로겐에는 뼈를 단단히 하는 효과도 있어, 골다공증이나 이가 빠지는 일도 줄어들고, 알츠하이머나 결장암, 당뇨병, 변형성관절염 등의 위험이 줄어들 가능성이 있다고 한다.

에스트로겐만을 보충하는 여성은 자궁암의 위험이 높아지지만, 프로게스틴을 함께 보충하는 것으로 개선할 수 있다. 현재, 자궁이 정상적으로 기능하고 있는 여성에게는 이 두 종류의 조합이 표준적인 치료법이다.

하지만 HRT는 유방암의 발병률을 높일 위험이 있다.

미국 국립암연구소가 4만 6천명 이상의 여성을 대상으로 전미 29개소에서 실시한 연구에 따르면, 에스트로겐과 프로게스틴을 조합한 치료법은 에스트로겐만을 이용할 때보다 유방암이 발생할 확률이 늘어난다는 것이 밝혀졌다.

조사에 의하면, 과거 4년 이내에 HRT를 이용한 여성에게 유방암의 증가가 보여지며, 기간이 길수록 위험이 늘어난다는 사실이 알려졌다. 한편, 골절이나 심장발작 등의 위험이 급증하는 것은 폐경 후 10년 이상이 지난 후 부터라는 통계도 있다.

 ## 폐경기를 맞은 사람이 주의해야 할 점

월경주기에 관한 일기를 쓰고, 달아오름 등의 증상을 기록한다. 어떤 일이 원인이었는가를 파악한다. 예를 들면 커피를 마셨다거나 매운 것을 먹은 후에 일어났다든가 등을 알아낸다.

▶ 달아오름을 최소화시키는 방법

- 거주 장소를 시원한 상태로 유지한다
  특히 침실은 서늘하게 하여 잠을 잘 잘 수 있게 한다.
- 겨울에도 선풍기를 사용, 몸을 덥히지 않는다
  입욕해서 몸을 덥히거나 하지 말고, 언제나 일정한 서늘함을
  유지한다.
- 목면이 들어간 의류를 착용한다
  특히 침대용품이나 잠옷 등은 통풍이 좋은 면으로 만든 의류
  를 사용토록 한다.
- 침실에 냉수를 준비해 둔다
  보온병에 얼음물을 준비해 두어서, 화끈거려서 일어났을 때
  마시도록 한다.
- 복식호흡을 습관화한다
  천천히 복식호흡을 하면 달아오르는 증상이 나아진다.

 ## 남성의 성적충동을 좌우하는 것은, 주목할 만한 호르몬 「테스토스테론」

'만약, 성적인 관심을 높이거나 줄일 수 있는 호르몬이 있다고
한다면, 그것은 테스토스테론이다' 라고, 데보라 블럼은 저서 『뇌
에 들어 있는 섹스 : 남자와 여자의 생물학적 차이(Sex on the
Brain : The Biological Differences between Men and Women)』에

서 말한다.

테스토스테론은, 평균적으로 자고 있을 때 많이 분비된다. 이것은 이스라엘의 연구자들이 한 시간마다 혈액 샘플을 채취하여 발견한 사실이다.

테스토스테론의 양은, 렘수면이 시작되기 직전에 반드시 상승하고, 끝날 무렵에 하강. 아침에 잠을 깨기 직전에 최고치가 된다. 깨어 있는 동안에는, 오후나 밤보다 아침에 35% 정도 더 높다. 참고로 최저치가 되는 것은 일반적으로 오후 7~10시이다.

한편, 이탈리아의 과학자들이 54명의 남성을 대상으로 오전 7시 직후와 오후 5시 직후에 채취한 정액을 비교해 본 결과, 오후에 활발한 정자가 많다는 사실을 알 수 있었다. 활발한 정자가 많으면, 임신가능한 시기에 섹스를 하여 수정될 확률도 높다. 즉, 아이를 낳고 싶은 커플들에게 있어 섹스에 가장 적당한 시간대는 저녁 무렵이라고 모데나대학의 안젤로 카냐치 등의 연구자들은 지적한다.

정자의 수는 계속 변화하며, 남성이 성적으로 적극적인 때일수록 한 번의 사정으로 방출되는 정자의 수는 적어지는 경향이 있다. 몇몇 실험에 의하면, 수정이 될 확률이 높은 가을이나 여름은 가장 그 수가 적고, 봄에 가장 많아진다. 정자는 열에 약하다는 사실에서 비추어 볼 때, 각 계절의 일조시간의 변화와 관계가 있을지도 모른다.

남성에게는, 여성의 폐경에 해당하는 남성기능의 정지가 없다. 남성 호르몬인 안드로겐 종류의 생산은, 여성의 생리와는 다르게 평생 없어지는 일이 없다.

하지만, 성별에 관계없이 중년 이상의 연령층에게 공통되는 몸의 변화가 나타난다. 남녀 모두 호르몬의 수치는 30대부터 저하하기 시작하는 것이다. 남성의 경우, 주요 호르몬인 테스토스테론은 40에서 70세 사이에 매년 약 1~2%씩 줄어든다.

또 40대부터는, 하루 동안 테스토스테론의 분비량도 그리 변화하지 않게 된다. 70대의 남성은 보통 40대 때보다 테스토스테론의 생산량이 40% 가량 적지만, 그래도 아이를 생산할 수 있는 능력은 유지한다.

테스토스테론의 농도가 낮아지면, 성적 관심이 없어지고, 발기에 장애를 일으키거나 불임의 원인이 되는 일도 있다. 뼈나 근력, 스태미너가 줄거나 체중이 늘어나는 경우도 있다. 정신이나 감정적인 면으로는 짜증을 내거나, 기분이 잘 흔들리거나, 집중력이 떨어지는 등의 증상이 있다. 이른바, 여성의 갱년기와 비슷한 증상이 보이게 되는 것이다.

 ## 테스토스테론의 감소와 성기능장애(ED)의 치료

남성의 갱년기에 해당하는 증상의 치료에는, 테스토스테론의 보충요법(HRT)이 이용된다. 뼈나 근육의 기능을 정상화시키거나, 기분을 좋게 하고, 성욕이나 발기력의 향상에 도움이 되지만, 여러 가지 부작용의 가능성도 지적되고 있어 치료를 하기 위해서는 전문의의 진단이 필요하다.

HRT에서 사용되는 테스토스테론에는 정제, 패치(점착제 – 즉 파스), 주사약, 영양제 형태 등이 있다. 1990년대에 개발되었던 파스형은 사용하기 쉽고 효과적이라고 호평을 받았다. 이것은 테스토스테론의 혈중농도를 이른 아침에 최대로, 밤에는 최소로 하는 기능을 한다.

한편, 성기능장애(ED)는 연령에 관계없이 일어난다고 알려져 있는데, 나이를 먹을수록 증가하는 경향이 있다.

매사추세츠 주에서 40세에서 70세까지의 남성에게 설문조사를 해 본 결과, 반 이상이 경미하거나 중간, 또는 현저한 발기 장애가 있다고 답변했다. 그 결과, 1995년의 시점에서 ED를 경험한 남성은 전 세계에서 1억 5천 2백만 명을 넘어설 것이라고 생각되고 있다. 고령화의 경향을 생각해 보면, 2025년에는 약 3억 2천 2백만 명 가량이 ED증세를 보일 것이라고 예상된다.

1976년, 베일러의대의 연구자들이 실험한 연구결과로부터, 남성의 발기는 생체시계와 밀접한 관계가 있다는 사실이 밝혀졌다.

실험은 유아부터 80대까지의 남성을 대상으로 행해졌으며, 어느 연령층이든 건강한 남성이라면 렘수면 중에 규칙적인 발기가 일어난다는 것을 알아냈다.

그 빈도는, 20대의 건강한 남성이라면 하룻밤에 평균 4회, 수면시간의 약 3분의 1에 해당하는 총 191분에 걸쳐 발기한 상태였다고 한다. 70대의 경우는 총 3회, 96분으로 수면시간의 5분의 1 정도였다. 이러한 신체의 반응은 모든 기능이 정상인가 아닌가를 진단하는 몸의 자가진단이라 보여진다.

ED는, 당뇨병이나 고혈압증 등의 질병 그리고 그 치료에 이용되는 치료약이 원인이 되는 경우도 있다. 또, 테스토스테론이 부족하여 일어나기도 하고, 담배나 술의 과다섭취에 의해서 일어나는 경우도 많다. 또는, 발기기능에 문제가 없더라도 심리적인 고민이나 스트레스가 원인이 되는 경우도 많다.

생체시계로 미루어 볼 때, 수면이 끝나가는 때의 렘수면이 가장 길다. 따라서 발기력도 이 시간이 가장 강하다. ED의 가능성이 있다고 한다면, 아침에 섹스를 해 보는 것도 좋은 방법일 것이다.

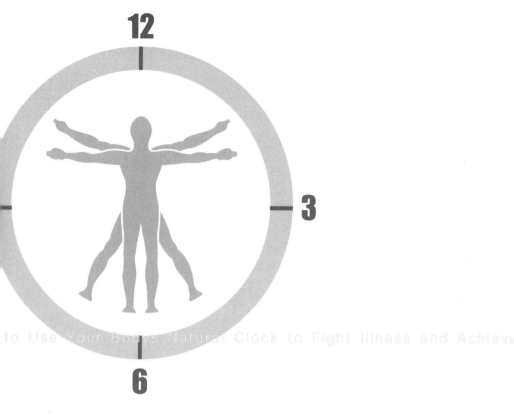

시간 조절로 사고나 과실을 예방할 수 있다

10장

무리한 스케줄이 사고로 이어진다!

미국에서 자주 발생하는 문제 중 하나는, 물류 유통의 근간을 떠받치고 있는 대형 트레일러에 의한 대형 교통사고가 자주 일어난다는 것이다.

트레일러의 운전수가 준수하고 있는 법규는 1938년에 제정된 것으로, 10시간 운전한 뒤에 8시간 휴식을 취하는 것만으로 다시 핸들을 잡는 것이 허용된다. 여기에는 운전이 낮이냐 밤이냐 하는 시간적 요건이 전혀 고려되어 있지 않다. 게다가 캐나다에서는 휴식을 취하기 전에 최장 13시간의 운전조차 허용되고 있는 것이 현실이다.

트레일러 운전수는, 하루에 18시간씩 일을 해야 하는 경우도 종종 있다. 이래서는 극도의 피로를 피할 수가 없다. 간선도로에서의 충돌사고는, 인간의 각성 정도가 최저가 되는 시간대에 가장 많다고 알려져 있다. 운전사가 졸음운전을 할 확률은, 생체시계의 각성도가 최저가 되는 오전 6시경이 각성도가 가장 높은 오전 10시와 비교할 때 20배 이상 높다. 또한 낮에도 능률이 떨어진다고 알려진 오후 4시의 경우, 오전 10시에 비해 3배 높다.

현재, 전문가들 사이에서는 자동차의 충돌을 '사고(accident)'라고 부르지 않는다. "'액시던트'라는 단어를 사용하게 되면, 이러한 일들이 인간의 능력이 닿지 않는 불가항력이라는 생각을 심어준다"라고 미국 운수성(運輸省)은 말한다. 전문가들은 졸음운전에 의한 충돌은 예측과 예방이 가능하다고 생각하는 것이다.

또 이 현실에서는 희생도 따르고 있다. 미국 노동성에 의하면, 매년 8백 명 전후의 운전수들이 일 도중에 사망하며, 사고 한 건당 평균 4명이 사망한다고 한다.

전문가들은, 간선도로에서의 사망사고의 가장 큰 원인은 피로로 음주보다 더 큰 원인이라고 지적한다. 국가운수안전위원회(NTSB)의 조사에 의하면, 대형 트레일러 운전수의 사망사고 중 31%가 피로가 원인, 29%는 음주나 다른 약물이 원인이라 생각된다고 한다.

수면부족이 불러일으킨 비극

이 책에서는, 인간의 몸은 밤보다 낮에 효율적으로 기능한다고 말해 왔다. 밤에 일하는 사람은 오전 2~8시의 각성 정도가, 전날 충분히 잠을 잤다고 하더라도 이틀간 4시간밖에 잠을 자지 않은 사람과 비슷한 정도이다.

이것은 미국 국립수면장애연구위원회가 1993년 의회에 제출한 『Wake-up America(미국이여 일어나라)』 보고서에 나타난 수치다. 졸음을 느끼는 종업원의 실수로 인해 발생하는 비용은, 생산성의 손실, 결근, 의료비용을 합하여 매년 약 천억 달러(12조원) 이상으로 추정되고 있다.

예를 들어, 야간 근무가 끝나갈 무렵 반수 이상의 사람들은 적어도 24시간 연속으로 잠을 못 잔 상태였다. 이 상태에서의 주의력이나 논리적 사고력, 결단력, 그 밖의 지적 능력의 효율은, 많은 여러 주에서 법률로 음주 상태로 규정하고 있는 혈중 알코올 농도 0.1%인 사람보다도 낮을 때가 많다.

이것은, 사우스 오스트레일리아 주 퀸 엘리자베스 병원의 니콜 라몬드와 드루 도슨이 실험한 결과 밝혀진 사실이다. 이 연구에서는 20세기에 세계에서 일어난 산업사고에 대해, 그 몇 가지의 사고들은 직접 또는 간접적으로 수면부족이 원인이 되었을 가능성이 있다고 지적하고 있다.

아래에 그 사례들을 소개한다.

▶ 스리마일 섬 원자력발전소 사고

1979년 3월 28일, 오전 4~6시에 걸쳐 스리마일 섬 원자력발전소에서 위기가 시작되었다. 근로자들이 중요한 밸브가 들러붙어 작동되지 못하는 것을 알지 못했다. 펜실베이니아 주에 있는 이 발전소에서, 근로자들이 문제를 발견하기 전에 상당한 양의 원자로 노심(爐芯)의 냉각수가 없어진 일이 발생했다. 원자로가 완전히 용융되는 것을 방지하기 위해 비상한 노력이 요구되었다.

마침 이 날, 근로자들은 평시 근무에서 야근으로 막 바뀌었던 때였다. "인위적 실수만 없다면, 스리마일 섬의 사고는 작은 사건으로 끝날 수도 있었다"라고, 대통령특별조사위원회는 결론지었다.

▶ 엑슨 발데스호의 좌초

1989년 3월 24일 오전 0시 4분, 해도가 완벽하게 되어 있는 알래스카 해변에서 엑슨 발데스호가 좌초되었다. 안개도 끼지 않았고, 부근에 다른 배들도 없었다. 배로부터 35만 배럴의 원유가 흘러나와 자연환경에 커다란 영향을 끼쳤으며, 인근 해역의 어업은 파멸적일 정도의 타격을 입었다. 해안선 1,200마일을 정화하기 위해 20억 달러가 소비되었다. 재판에서는 엑슨사에게 50억 달러의 손해배상이 선고되었다.

사람들은 아직도 전날 밤 해안에서 술을 마신 선장이 좌초의 원인으로 믿고 있다. 그러나 선장은 당시 비번으로 자신의 방에 있었음이 밝혀졌다.

국가운수안전위원회는, 사고 당시의 책임자였던 3등 항해사가 사고 전날, 4시간 정도밖에 잠을 자지 못했기 때문에 일어난 사고라고 결론지었다. 이 항해사는 사고전날 육체적으로 힘든 일을 수행했으며, 휴식은 오후의 일이 끝나고 저녁식사 시간까지의 짧은 시간 동안 수면을 취했을 뿐이었다. 사고가 있기 전 24시간 동안, 그의 수면 시간은 5시간 이하라고 추정되었다.

▶ 우주 왕복선 「챌린저」호의 폭발

1986년 1월 28일 정오에 쏘아 올려진 직후, 우주 왕복선 챌린저호가 폭발했다. 승무원 7명은 전원 사망했으며, 그 중에는 우주에서 전 미국의 학생들에게 수업을 할 예정이었던 교사 크리스타 맥콜리프도 있었다.

이 대참사를 조사한 대통령특별조사위원회는, 이륙 담당 팀의 극도의 초과노동, 불규칙한 근로시간, 수면부족과 피로가 사고의 원인 중 하나가 되었다고 결론지었다. 사고 전날 밤, 주요 관리자들은 두 시간도 채 잠을 자지 못하고, 오전 1시부터 계속 근로하고 있었다.

▶ 체르노빌 원자력 발전소 사고

1986년 4월 26일, 구소련 키예프 근교의 체르노빌 원자력 발전소에서 원자로의 노심이 용해되어 폭발하였고, 유럽을 포함한 많은 지역이 방사선에 오염되는 등 사상 최악의 원자력 사고가 발생했다. 체르노빌에서 방출된 방사능은, 히로시마와 나가사키의 원폭을 합한 방사능의 200배 이상이나 되었다.

1998년에 우크라이나 정부의 발표에 의하면, 적절한 장비도 훈련도 받지 않고 오염지역의 처리를 맡았던 '정화반원' 80만 명 가운데, 3천 6백 명이 방사능 노출로 사망했다고 한다. 세계의 건강 관련 단체들은 그보다 훨씬 사망자수가 많을 것이라고 주장하고 있다. 원자로 폭발 이후 우크라이나와 이웃 벨라루스에서 기관지 암에 걸린 사람의 수가 7,900명으로 껑충 뛰었다.

4만 체르노빌 근로자와 그들 가족들을 위해 건설된 도시인 프리퍄트는 텅 비어 있다. 사고 이틀 후에 모두 소개된 것이다. 정부 소식통의 공표에 따르면, 우크라이나의 손실을 1,300억 달러로 추정하고 있다.

구소련의 관리들은, 오전 1시 23분에 일어난 이 사고의 원인을 설비 결함과 인위적 실수 양쪽 모두라고 발표했다. 재난에 관련된 기술자들은 13시간 이상 연속 근무 중이었다.

▶ 인도 유니온 카바이드사 공장 사고

1984년 12월 4일 오전 0시 40분, 인도 보팔의 유니온 카바이드 공장에서 화학약품에 의한 폭발사고가 일어났다. 노동자들은 살충제에 쓰이는 화학약품 탱크의 압력이, 직전 교대조가 마지막 읽은 수치와 당직 교대조인 자신들이 처음 읽은 수치 사이에 5배 증가했다는 사실을 눈치채지 못했다. 고장난 밸브를 통해 물이 탱크로 스며들었고, 화학물질과 섞이면서 압력이 커지고, 이로 인해 탱크가 파열되어 유독 가스가 유출되었다. 가스는 낮게 깔린 구름 형태로 인근 도시로 퍼져 사망자 6천 명, 부상자 3만 명 이상이라는 대참사가 벌어졌다.

환경단체 그린피스에 의하면, 15년이 지난 후에도 지하수는 유독성 수은에 오염되어 있는 상태라고 한다. 이 사고는 교대제로 일하고 있던 공장 노동자들이 교대한 직후에 일어났다.

 ## 효율 좋은 근무시간과 스케줄

미국노동통계국에 의하면, 일반적으로 오전 6시~오후 6시가 낮 근무라고 정의되고 있다. 하지만, 1주일에 35시간 이상 일을 하고 있는 미국인들 가운데 5명 중 1명은, 이 시간대 이외에 일을 하고 있다. 일을 가지고 있는 사람 가운데 약 1,520만 명이 야간이나 심야, 고용주가 정한 불규칙한 스케줄 그리고 교대제로 일하고 있다.

교대제 근무는 주간 근무에서 야근, 심야 근로 등 1주일 단위로 바뀌는 경우가 많다. 이러한 시간에 일하는 사람들 중에는, 밤에 공연이 있는 배우나 음악가, 오전 3시에 일어나는 아침 TV 방송의 캐스터, 그리고 한밤중이 넘도록 일하는 실리콘밸리의 엔지니어들, 외교정책을 담당하는 외교관, 전 세계의 고객과 거래하는 주식시장의 관계자들이나 기업의 경영자 등 다종다양하다.

분야나 업종과 관계없이, 일하는 사람들 중 2~10%는 일반적인 근무시간이 아닌 시간에 근무하고 있다는 통계도 있다. 물론, 어떤 근무시간에 일하고 있다 하더라도 이따금 밤을 새우거나 일찍 일어나는 일도 있으며, 출장이나 여행이 겹쳐서 심한 수면 부족을 겪는 일도 있다.

하지만, 교대제로 일하고 있는 사람들은, 가끔이 아닌 만성적인 야근에 괴로워한다. 예를 들어 인터넷이 보급되어 24시간 계속 접속되어 있는 것이 당연하게 생각되었다고 하는 것은, 24시간 체제로 일하는 사람들이 늘었다는 말도 된다. 《비즈니스 위크》에서는, "24시간 시장의 탄생에 의해, '폐장 수치(閉場數値, closing prices)'라고 하는 개념은 시대에 뒤처지게 되었다"라고 말한다.

지금은 전 세계의 비즈니스가 시간대에 관계없이 상품이나 서비스를 공급하고, 새로운 요구에 응하려 하고 있다. 거액의 설비투자를 한 기업은 그것에 어울리는 설비의 활용을 생각한다. 분야나 업종에 따라서는 24시간 경영이 당연하게 생각되고, 그만큼 교대제로 근무하는 사람이나 야간근무자들도 늘어난다.

옛날에 농경이 주류를 이루었던 시절, 많은 사람들은 아침이 밝으면서부터 해가 질 때까지 하루 12시간 노동을 했다. 20세기가 시작될 무렵까지는, 제철소나 제강소에서 일하는 사람도 하루 12시간 근무로 낮과 밤을 2주 사이로 교대로 근무를 했으며, 28일에 하루 쉬는 제도로 일했다.

1916년에 애덤슨법이 의회를 통과한 결과, 잔업수당을 계산하는 기준이 8시간으로 되었다. 주 44시간이라고 하는 근무시간이 탄생한 것은 1938년에 공정노동기준법이 공포, 집행되고부터이다.

현재, 미국에서 24시간 체제로 일하고 있는 기업들의 대부분은 28일 단위의 교대를 실시하고 있다. 종업원은 하루 8시간씩 7일간 낮 근무, 밤 근무, 심야 근무에 이어서 교대 사이에 2~3일의 휴가를 얻는 식의 스케줄을 보내고 있다. 일반적으로는 1교대는 5일

근무, 그 뒤의 이틀이 휴일이라고 하는 것이 관례로, 대부분의 경우 이 세 개의 교대를 맞추기 위해 4~5팀의 인원이 필요하다.

다른 한편, 12시간제 교대도 늘고 있다.

산업 뉴스지인 《쉬프트워크 얼러트(Shiftwork Alert)》에 의하면, 1999년에 미국 또는 캐나다에서 24시간제를 실시하고 있는 기업 500개 사를 대상으로 실시한 조사에서, 8시간 교대보다 12시간 교대를 실시하는 기업이 더 많았다고 한다. 업종은 제각각으로, 화학, 제지 등의 소비재, 전기, 가스, 수도 등의 공익사업, 병원, 호텔, 편의점, 교통기관 등이 포함되어 있었다.

12시간 근무의 일반적인 형태는, 이틀 일하고 사흘 쉬는 '2근 3휴', 또는 '3근 2휴'를 반복하는 형태이다. 이 스케줄대로라면 2주일에 한번 휴일이 주말이 된다. 또, 전형적인 12시간 근무의 경우 오전 6시부터 오후 6시까지 일하고, 그 반대의 근무와 교대하는 형태도 있다.

노동자들이 이 12시간 교대를 선호하는 것은, 28일 가운데 실질적으로 14일이 휴일이기 때문이다. 고용주로서는 근무 스케줄을 세우거나 출근부를 기록하는 것이 간단해진다는 장점이 있다.

영국의 교대제근무 전문가인 사이먼 폴카드는 "장시간 교대 제도는 확실히 인기가 있지만, 근무시간이 끝나 가면 거의 대부분 안전성 레벨이 저하되며, 효율도 떨어진다"라고 한다.

또한, 근로자들의 근무가 모두 한 번에 끝나는 것은 아니다. 예를 들어 스쿨버스의 운전수는 이른 아침과 늦은 오후 두 번을 일하며, 선박의 승무원들은 전통적으로 '당직제'라 불리는 4시간 단위로 교대를 한다. 또, 경찰이나 소방서, 전력회사, 가스회사 등의

24시간 체제의 공익사업은 수요가 계속 변동하기 때문에, 독특한 스케줄을 운영하고 있다.

교대제로 일하는 사람은 생체시계가 흐트러진다

교대제로 일한다고 하는 것은, 시차가 존재하는 국가나 지역으로 여행을 하는 것과 마찬가지이다.

매주 8시간씩 늦추어지는 스케줄은, 예를 들어 1주일마다 샌프란시스코에서 런던, 런던에서 도쿄로 향하는 여행을 반복하는 것과 같다.

물론, 여행도 스트레스가 될 수 있지만, 여행의 경우는 낮과 밤의 밝기가 다르고, 비록 시차가 있다고 해도 잠을 자거나 식사를 하거나 움직이는 등의 방법으로 시차에 적응할 수 있다. 여행의 경우는 순응할 수 있는 방법이 있는 것이다.

하지만, 교대제로 일하는 사람의 경우에는 이러한 방법이 몸의 적응을 악화시키는 경우가 있다. 예를 들면 근무를 끝내고 오전 7시에 직장을 나서면, 자연적으로 햇빛을 받게 된다. 햇빛은 생체시계에게 「눈을 뜨라」고 하는 강력한 신호를 보내기 때문에, 잠을 자는 데 방해가 된다. 게다가 지금부터 학교에 가는 학생들이나 가게를 열 준비를 하는 사람들이 보이는 것도 지금이 하루의 시작이라는 사실을 강조하게 된다. 겨우 잠이 든다고 해도 도중에 전화가 걸려오거나 화장실에 가려고 잠에서 깨 버리면, 자고 있어야 할 뇌는 혼란을 일으키게 된다.

인간의 몸은 낮에 활동하게 되어 있으며, 밤만큼 길게는 잠을 잘 수 없게 되어 있는 것이다.

출장이나 여행으로 시차 구역을 8개 넘어간 경우, 대부분의 사람들은 약 8일 후에 정상으로 돌아온다.

하지만, 8시간씩 바뀌는 교대제 근무로 일하는 사람이 같은 시간에 8일 이상 근무하는 일은 거의 없다. 게다가 휴일이라도 되면 대부분 낮에는 일어나고 밤에 잠을 자게 된다. 이 때문에 근무시간에 적응해 가던 몸이 원래대로 되돌아가 버리는 것이다. 수많은 조사결과로부터 우리는 예를 들어 같은 시간에 며칠 근무를 하더라도, 긴 세월에 걸쳐 교대제근무를 한다고 하더라도, 생체시계가 완전히 적응하는 일은 없다는 것을 알 수 있다.

교대제로 일하는 사람들은 만성적인 시차부적응 상태로 생활하며, 이것은 '교대제근무 부적응증후군'이라 이름 붙여져 있다. 이것은 질병이 아니라 정상적인 반응의 하나이지만, 생체시계에게 있어서 '잘못된' 시간에 일하거나 잠을 자거나 하는 것에서 비롯되는 것이다.

일반적인 근무보다 보수가 많다, 평일에 쉴 수 있다, 아이들이 자고 있을 때와 일어나 있을 때 옆에 있어 줄 수 있다 등등 교대제로 일하는 사람들의 이유는 가지각색이다. 하지만, 분명히 교대제라고 하는 근무가 원인으로 몸이 망가지거나 만성적인 질병에 괴로워하고 있는 사람은 많다. 몇몇 실례를 들어보자.

교대제로 일하는 사람들 특유의 증상 1 – 만성 적인 수면부족 상태가 된다

낮에는 밤만큼 오래 잘 수는 없다. 심야에 일하는 사람들은, 낮에 일하는 사람들에 비해 평균 2~4시간 정도 수면시간이 적다. 특히 일반적인 수면의 대부분을 차지하는 깊은 잠, 그리고 기분을 안정시키는 데 중요한 역할을 수행하는 렘수면의 일부가 일반 사람에 비해 부족한 것이다.

심야근무를 마치면, 대부분의 사람들이 한 시간 정도 잠이 들어버리지만, 낮에 일하는 사람의 경우는 일이 끝난 후, 여가 시간을 보낸 후에 잠이 든다. 즉, 심야근무를 하는 사람에게는 긴장을 풀 시간이 없는 것이다.

만성적인 피로감도 느낀다. 예를 들어 오전 8시~오후 1시까지 잠을 자고, 그 이상 낮잠을 자지 않고 야근을 할 경우, 일이 끝난 시점에서 18시간 연속으로 깨어 있게 된다. 반면 아침 7시에 눈을 뜨고 출근하는 사람의 경우, 오후 5시에 일이 끝난 시점에서 일어나서 깨어 있던 시간은 단지 10시간뿐이다.

1996년, 디트로이트에서 성인 2천 명을 대상으로 한 조사에 의하면, 야근이나 교대제로 일하고 있는 사람들은 낮에 일하는 사람들보다 수면제 대신 술을 마시는 경우가 많다는 결과가 나왔다. 또, 의사에게 처방받은 수면제를 사용하는 경우도 많고, 복용 기간도 길다고 하는 사실도 알 수 있었다. 양쪽 다 잠을 제대로 자지 못하는 것이 원인이었다.

교대제로 근무하는 사람들 가운데, 남성보다 여성이 수면시간이 짧은 경향이 있으며, 수면이 중단되는 횟수도 많았다.

몬트리올대학의 마리 뒤몽이 심야근무나 교대제로 일한 적이 있는 간호사들의 수면에 대해 조사한 결과, 심야근무를 했던 적이 없는 간호사들에 비해 깊은 수면이 짧았다고 한다.

이른 아침의 TV 방송에 출연하는 캐스터들은 대부분이 수면 부족을 인정하고 있다. 방송개시가 오전 6시인 경우, 스튜디오에 나오기 위해서는 오전 3시에 일어나야 한다.

1998년의 조사에 의하면, 미국의 TV 방송에서 상위 35위에 올라 있는 뉴스 방송의 캐스터들 중 142명의 평균 수면시간은 5.7시간이었다. 거의 대부분이 일의 스케줄 때문에 낮에, 특히 오후 이른 시간은 매우 졸린다고 말했다. 졸음을 깨기 위해 약 절반 가량이 커피를 마시고, 그 중 많은 사람들이 하루 두 잔을 마시고 있었으며, 절반 정도는 낮잠을 잤다고 한다.

 ## 교대제로 일하는 사람들 특유의 증상 2 – 위장에 문제가 많다

설사나 변비, 가슴앓이 등의 위장의 문제로 일어나는 증상은, 낮에 일하는 사람들에 비해 교대제근무를 하는 사람들이 2~3배 가량 많다.

예를 들어, 교대제 근무를 5년간 계속하면, 소화성 궤양의 발생률은 낮에 일하는 사람의 2~5배가 된다. 24시간 근무제를 도입하고 있는 많은 대기업들은, 종업원의 위장에 대한 비용으로 수십만 달러의 돈을 소비하고 있다고 한다.

생체시계를 기준으로 생각하면 음식물을 소화하는 기능은 낮에 움직인다. 야간 스케줄에 맞추어 기능하게 되기에는 오래 걸리며, 충분하게 기능을 하지도 못한다. 식사 시간이 불규칙해지면 정상적인 소화를 위해 필요한 호르몬, 위액이나 효소의 분비량이나 그 빈도가 흐트러지게 된다.

일하는 사이 식사를 하는 사람은 대부분 단시간 내에 먹게 되는데 이것도 소화불량의 원인이 되며, 소화에.대비해 점막을 보호하기 위해 분비되는 효소가 충분하지 않을 때 위산이 나오는 것도 궤양의 원인이라 한다.

그리고 교대제로 일하고 있는 사람들은, 카페인이 함유된 음료나 술의 섭취량이 많다.

보스턴의 컨설팅 회사 서케이디언 테크놀로지스사가 1996~98년에 교대제 근무자 약 8천 명을 대상으로 실시한 조사에서는, 15%가 하루에 카페인이 함유된 음료를 10잔이나 10캔 이상 마신다고 대답했다. 담배를 피운다고 대답한 사람은 35%로 보통 사람의 2배에 달하는 수치이다.

카페인, 알콜, 담배는 모두 소화장애의 위험인자이다.

교대제 근무를 하는 사람 특유의 증상 3- 심장 발작의 위험이 있다

스웨덴에서 실시한 조사에 의하면, 낮에 일하는 사람보다 교대 제 근무를 5년 이상 해 온 사람에게는 남녀를 불문하고 심장발작 을 일으킬 확률이 30% 높다고 한다.

우메오대학병원의 안더스 크눗슨 등은, 처음 심장발작을 일으 킨 2천 명의 경력을 조사해, 같은 지역에 살고 있는 다른 사람들과 비교했다. 그 결과, 심장발작을 일으킨 사람들의 공통점은 교대제 로 일하던 사람들이었다는 사실이었다. 또, 흡연자도 많았는데, 이 조사에서는 그 점도 고려하여 일의 양이나 연령, 직업교육을 받은 정도, 흡연 등은 결과에 영향을 미치지 않았다는 것을 확인 했다.

교대로 근무하는 사람들은 낮에 일하는 사람들보다 콜레스테롤 이 많고, 고혈압이 되기 쉽다.

코넬의료센터의 조셉 슈워츠 등은, 24시간 근무체제로 일하는 간호사 100명의 혈압을 체크했다. 야근이나 심야 근무를 하는 간호 사들은 낮에 일하는 사람들에 비해 혈압이 저하되어야 할 때에 낮 아지지 않는 사람이 6배나 많고, 평균 혈압도 전체적으로 높았다.

자고 있을 때에 혈압이 정상으로 돌아가지 않으면, 혈압에 필요 이상의 압력이 가해져 심장이나 뇌, 위장 등의 기관에 피해를 끼 칠 수가 있다.

또, 어떤 식사를 하는가도 중요하다.

서리대학의 데이비드 리베이로 등은 건강한 성인 12명을 대상으로 평소보다 9시간 빠른 스케줄에 따라 생활하게 하는 실험을 했다.

같은 메뉴를 낮의 스케줄, 야간 스케줄로 각각 먹게 했던 것이다. 그 후 9시간에 걸쳐 혈액을 채취한 결과, 중성지방의 일종으로 심장병의 위험인자라 알려진 트리아실글리세롤(TAG)의 혈중 농도가, 낮에 식사를 한 경우에 비해 크게 상승했다는 것을 알 수 있었다.

또한, 낮에 일하는 스케줄로 2일 이상 생활하지 않으면 테스트 이전의 수준으로 돌아가지 않는다는 결과도 나왔다.

교대제로 일하는 사람 특유의 증상:여성의 경우(1) – 생리불순이 일어난다

교대제로 일하는 간호사 8백여 명을 대상으로 실시한 조사에 의하면, 심야근무나 교대제로 일하는 간호사들은 다른 시간에 일하는 사람보다 월경주기가 불규칙한 경우가 많다는 사실을 알 수 있었다.

또, 노스캐롤라이나대학의 수잔 라뱌크가 한 조사에서는 40세 미만의 건강한 간호사 68명의 월경주기를 조사한 결과, 낮에 일하는 사람들은 정상이었다. 하지만 교대제로 일하는 간호사들은 반 이상이 월경주기가 불규칙하며 생리통에 시달리고, 경혈의 양이 변했다고 한다.

참고로 일반 여성이 생리불순이 될 확률은 5명 중 1명이다. 또한, 근무시간이 일정한 여성에 비해 스튜어디스들도 생리불순을 호소하는 경우가 많다.

 ## 교대제로 일하는 사람 특유의 증상 : 여성의 경우(2) – 임신과 출산에 문제가 있다

교대제로 일하는 여성은 임신하기가 어렵고, 유산이나 조산을 하기 쉬우며, 출생아의 체중도 평균보다 적게 될 위험이 많다.

여러 조사결과에 의하면, 임신하려고 노력한 유럽 여성 1만 명 중 낮에 일하는 사람에 비해 교대제로 일하는 여성이 임신하기까지 9개월 이상이 걸릴 확률은 2배 이상이었다.

캐나다에서 한 조사결과에서는, 교대제로 일하는 여성이 유산을 할 확률은 일반 여성에 비해 2~4배 정도 높다고 하며, 계속 야근을 하는 사람의 경우는 더욱 높다. 게다가, 임신 3개월 이후에도 일을 계속 지속한 노르웨이의 여성 3천 3백여 명을 대상으로 한 조사에서는 교대제로 일하며, 아이를 낳아 보았던 여성은 임신중독증에 걸릴 위험이 2배나 높았다고 한다.

임신중독증에 걸리면, 태아의 성장이 늦어지거나 조산이 되는 경우가 많다. 또 중국에서는 3곳의 섬유공장에서 교대제로 일하는 여성 100명을 조사한 결과, 태어난 아이가 기준보다 작거나 미숙아인 경우가 일반 여성들에 비해 2배나 많았다는 것을 알 수 있었다.

이러한 일이 왜 일어나는가는 아직 알 수 없지만, 무리한 스케줄이 수면 시간을 줄이거나 스트레스가 되거나 해서, 호르몬의 분비를 혼란시키는 것과 관계가 있다고 생각된다. 여성의 노동에 대해서는 채용 기회에 대한 문제 등 미묘한 문제가 많지만, 더 많은 연구와 예방수단의 확립이 절실하다.

교대제로 일하는 사람의 문제 1- 자신만의 시간이 전혀 없다

코넬대학의 키스 브라이언트와 캐슬린 지크가 실시한 조사에 의하면, 일하는 어머니들은 육아에 필요한 가사나 잡일의 60%를 부담하고 있다는 것을 알 수 있었다.

양친과 아이 두 사람의 가정에서 부모가 아이를 돌보는 시간을 계산해 보았다. 이 돌보는 시간에는 목욕을 시킨다, 옷을 입힌다, 공부를 가르친다, 돌본다, 상담한다, 자동차로 학교에 보내거나 데려온다, 식사를 시킨다 등에 더하여 요리나 가사일, 취미생활 등을 하면서 아이와 보내는 시간도 포함되어 있다. 그 합계는 하루 7.5시간으로, 하루 풀타임으로 일하는 시간과 그리 차이가 나지 않았다.

예를 들어, 어머니가 풀타임으로 일하는 직장을 가지고 있다고 해도 가사의 대부분은 여성이 하고 있으며, 1주일 동안 남성보다 약 15시간 많이 일하는 것과 같다.

또한, 미시간대학의 산지브 굽타가 8,200명의 남녀를 대상으로 조사한 결과, 아이가 늘어도 남성이 가사에 소비하는 시간은 늘지 않는다는 사실을 알 수 있었다. 한편, 여성의 경우 아이가 한 명

늘 때마다 1주에 3시간씩 가사 일을 하는 시간이 늘어나며, 육아를 위한 시간이 더 늘어난다고 한다.

교대제로 일하는 사람의 문제 2-일을 할 때 실수를 하게 된다

심야에 일을 하고 있으면, 일을 하는 중 실수를 할 경우가 많다. 인간은 낮보다 밤에 아주 짧은 시간 잠드는 '마이크로수면'의 빈도가 많으며, 신문을 읽거나 TV를 볼 때 체험하게 된다.

스웨덴에서의 조사에 의하면, 고속으로 달리는 열차의 기관사가, 이른 아침이 되면 50~60초 동안 반복해서 몇 번이나 잠을 잔다는 사실을 알 수 있었다. 그 결과, 경고가 울리는 것을 눈치채지 못하고 지나쳐 버린 경우도 있었다고 한다. 같은 조사에서, 야근 중에는 세 사람 가운데 두 사람이 졸고 있었다는 사실을 알 수 있었지만, 낮 근무 때는 6명 중 한 명뿐이었다.

서케이디언 테크놀로지스사가 8천 명을 대상으로 실시한 조사에 의하면, 40% 이상의 사람이 적어도 한 주에 몇 번은 근무 중 졸리거나, 단시간 꾸벅꾸벅 조는 일이 있다고 대답했다. 이 중 1/4가량은 교대제 근무를 할 때마다 몇 번이나 그렇다고 대답했다고 한다.

캘리포니아대학 간호학교의 캐스린 리가 실시한 조사에서는, 6개의 지역병원에서 교대제로 근무하는 간호사 8백 명 가운데 1/3이 일하는 중 실수를 한 적이 있다고 대답했다.

낮이나 저녁에만 일하는 간호사들 중 실수를 한 일이 있다고 대답한 사람은 그 1/6 수준이었다. 게다가 심야근무나 교대제로 일을 하는 간호사가 졸음 때문에 일의 효율이 떨어진다, 졸려서 실수를 한다, 환자를 보살피는 도중에도 졸린다고 대답한 비율은 낮근무자들의 2배에 달한다.

1984년, 뉴욕의 한 병원에서 18세 여성이 사망했는데, 후에 유족이 제기한 소송에서 배심원들은 코카인을 사용하고 있던 본인과 치료를 맡았던 담당의사 두 사람 모두에게 유죄를 선고한 일이 있다.

1998년, 뉴욕 주에서는 이 사건을 계기로 담당의의 근무를 주 80시간까지로 제한했으며, 24시간을 넘어서는 연속근무를 금지했다. 같은 해, 12개의 병원에 대해 불시 조사가 실시되었으나 이 규정이 제대로 실행되지 않고 있다는 것을 알 수 있었다.

교대제로 일하는 사람들의 문제 3- 일하는 도중 다치기 쉽다

스완지 소재 웨일즈대학의 사이먼 폴카드 등은, 규모가 큰 건축회사에서 1년간 3교대로 일하는 종업원이 부상을 당한 사례 4,645건을 모두 분석해 보았다.

어떤 근무시간대에도 종업원들이 하던 작업의 내용은 같았지만, 심야근무에서 부상을 당할 확률은 가장 발생빈도가 낮은 대낮에 비해 23%가 높았다는 결과가 나왔다. 또한 스스로 작업 속도를 정해서 작업을 하는 종업원들 중 큰 부상을 입을 확률은, 심야근무자들이 낮 근무자들보다 82%나 높았다.

또 텍사스대학 의학부의 데보라 팍스가 같은 대학의 의료센터에서 1993년부터 1998년까지 발생한 사고를 조사한 결과, 실습생이나 당직의가 실수로 자신에게 주사를 찌르거나 환자의 혈액에 접촉한 확률은, 야간이 주간의 두 배나 되었다.

말할 필요도 없지만, 이러한 사고가 발생하면 HIV(후천성면역 결핍증후군)을 비롯해 혈액으로 감염되는 질병에 걸릴 위험이 커진다. 매사추세츠 주 보스턴에 있는 서케이디언 테크놀로지스사의 마틴 무어 이드에 의하면, 교대제로 일하는 사람에게 있어서 가장 위험한 시간은 오전 1~6시로, 낮에 일한 뒤나 휴일이 끝난 뒤 야근을 시작한 첫 날 혹은 둘째 날, 또 작업 시간대에 상관없이 일이 끝날 무렵, 그리고 야근이 끝나고 귀가하는 도중이라고 한다.

 ## 교대제로 일하는 사람의 문제 4－가정이나 가족이 희생된다

메릴랜드대학의 사회학자 해리엇 프레서의 조사에 의하면, 미국에서 맞벌이를 하는 커플들 네 쌍 중 한 쌍은, 둘 중 한쪽이 낮이 아니라 야간 근무를 하고 있다.

14세 미만의 아이가 있는 가정에서 맞벌이를 하는 부부 중에는, 3쌍 중 한 쌍이 낮이 아닌 시간대에 일하고 있으며, 반 이상은 둘 중 한 명이 주말에도 일을 한다고 한다.

이 조사에서는, 어느 한 쪽이 밤에 일을 하고 있는 부부는 이혼이나 별거에 이를 확률이 높다고 하는 결과가 나왔다. 결혼한 지 5년 미만으로, 아이를 가진 부부가 5년 이내에 이혼 또는 별거를 할 확률은, 남성이 야간에 일을 하고 있을 경우 낮에 일을 할 때와 비교할 때 6배나 된다. 게다가, 결혼 후 5년 이상 야간에 일을 하고 있는 여성의 경우는, 이혼이나 별거를 할 확률이 3배 이상이나 되었다.

부부가 일하는 시간대가 전혀 같지 않은 경우도 종종 있다.

이 상황이라면 부모 중 어느 한 쪽이 아이를 돌보는 시간이 늘게 된다. 이런 경우의 장점은, 부부 가운데 어느 한쪽이 항상 아이와 함께 있을 수 있다는 것으로 특히 아버지가 육아를 담당할 수 있다는 점이 장점이다.

한편 단점은 항상 아이와 함께 있을 수 있는 것은 부모 중 어느 한 명만이며, 부모와 아이가 모두 모일 수 있는 시간이 거의 없다는 것이다. 직업을 가진 부모에게 있어 육아는 큰 부담이지만, 미국에서 회사 내에 보육 서비스를 설치한 기업은 거의 10% 정도뿐이라는 것이 현실이다.

 ## 교대제 근무에 맞는 사람과 맞지 않는 사람

아침형 인간보다 저녁형의 인간이 교대제 근무를 하는 직장에 적응력이 좋다. 저녁형인 편이 변화가 많은 스케줄에서도 쉽게 적응할 수 있으며, 밤에 잠을 자지 않을 수 있다. 그리고 낮에도 잠을 잘 잘 수 있다고 한다. 오전 3시, 4시가 지나지 않으면 잠에 들지 못한다는 극단적인 저녁형이라면, 바텐더나 응급실의 당직의 등의 야간에만 하는 일을 한다면 성공할 수 있을 것이다.

자신이 교대제 직장을 다녔던 경험이 있는 루이스 밀러는, 저서 『밤에 강한 올빼미형 인간과 불면증을 지닌 사람에게 어울리는 직업(Careers for Night Owls & Other Insomniacs)』에서, 낮이 아닌 시간에 하는 일에 대해 이야기하고 있다.

그녀는 교통, 접객 서비스, 의료, 통신, 오락, 경비, 사회복지 등의 분야에서의 직업을 다수 해설하고 있으며, 필요한 교육이나 훈련, 평균 수입을 나열하고 있다.

또, 실제로 일해 본 사람을 소개하여, 밤에 일하면 편리한 점과 불편한 점을 소개하고 있다. 대부분의 일에 대해 '필요한 자질' 이라는 코너가 있어, 실제로 독자가 그 일에 적성이 맞는지 어떤지를 판단할 수 있게 도움을 주고 있다.

말할 필요도 없이, 생체시계의 주기가 긴 사람일수록 유리하다.

생체시계의 주기는 사람마다 다르지만, 25시간에 가까운 사람과 24시간에 가까운 사람이 있다. 생체시계는, 보통 사춘기 때가 가장 길고, 나이를 먹어갈 수록 24시간에 가까워진다고 한다. 주기가 긴 사람은 저녁형이 되기 쉽기 때문에, 시간대의 변화에도 적응하기 쉽다.

그 밖에, 적응력이 있는 타입은 다음과 같다.

• 적응 속도가 빠른 사람

며칠 일을 해보면, 천천히 적응 하는 사람과 빠르게 적응하는 사람이 있다. 당연히 적응이 빠른 사람이 유리하다.

- **젊은 세대인 사람**

  일반적으로 젊은 사람일수록 적응하기 쉽다. 하지만 고령자는 아침에 빨리 일어나는 사람이 많으므로, 이른 아침에 하는 일에는 적격일 수도 있다.

- **언제 어디서나 잘 수 있는 사람**

  조금 시끄럽다 하더라도, 주위가 밝더라도 잠을 잘 수 있는 사람이나 잘 조는 사람이 유리하다.

- **수면시간이 짧은 사람**

  6시간 자면 충분히 잤다고 느끼는 사람이, 9시간의 수면이 필요한 사람보다 무리 없이 일할 수 있다.

- **몸이 건강한 사람**

  몸 상태가 좋으면 잠을 푹 잘 수 있고, 스태미너가 있으면 적응하는 것도 빠르다. 단시간이라도 몸을 단련하는 것은, 몸을 기운내게 하는 데에 도움이 된다.

- **사교적인 사람**

  사교적인 사람은 관습에도 유연하며, 흐름을 잘 따르는 편이다. 단, 내향적인 사람 중에도 심야근무가 가능한 사람이 있기도 하다.

 ## 「생체시계」를 초기로 되돌리면 교대제로 근무하기가 쉬워진다?

생체시계에 대한 연구자 샤메인 이스트맨의 실험에서는, 밝은

빛을 받는 것이 생체시계를 초기화하는 데 도움이 된다는 사실을
알 수 있었다.

아침에 일어나 밤에 잠이 드는 사람들 스케줄의 밤낮을 바꾸기
위해, 5시간에 걸쳐 체온이 가장 낮아지기 직전에 3시간에 걸쳐 3
종류의 빛을 쬐어 보았다.

가장 강한 빛은 일출 30분 후의 일광과 같은 정도의 밝기, 중간
은 쇼핑센터 내부의 조명과 비슷한 정도, 가장 어두운 것은 보통
의 실내등 정도였다.

그 결과, 가장 밝은 빛이나 중간 정도의 빛을 쬔 피실험자의 거
의 대부분이 적응 속도가 빨라졌다. 체온이 가장 낮아지는 시간은
잠에 드는 시간으로 바뀌었고, 가장 어두운 빛을 쬔 사람들에 비
해 낮에도 잠을 잘 자게 되어 밤에 일해도 피로감이 보다 적었다
고 한다.

휴스턴의 NASA(미항공우주국)에서는, 밝은 빛이 매우 효과적으
로 쓰이고 있다. 우주비행사가 주회궤도비행을 하기 전에, 1주일
간 격리되는 장소는 천장이 유리로 되어 있어 강한 빛이 들어오는
일광 지역이다. 빛을 쬐는 시간은 승무원이 우주에서 보내게 될
스케줄에 맞추어 설정되어 있다.

NASA에서는 이 방법을 지상에 있는 관제팀에게도 실시하고 있
다. 앨라배마 주 하운츠빌에 있는 NASA 마셜 우주비행센터에서
는, 관제를 담당하는 직원 8명이 우주비행사의 스케줄에 맞추어
일하기 전 몇 시간, 밝은 빛의 조명을 받는다.

그 결과 일의 속도나 집중력, 근무 중의 각성도 등에 대한 평가
가 이 실험을 받지 않았던 10명의 다른 직원들보다 높았다.

이러한 것들은 특수한 경우이지만 일반 기업에서도 비슷하게 응용되고 있다.

교대제 근무를 적용하고 있는 경영자가 주의 해야 할 점

▶ 시간 진행에 맞는 교대를 한다

교대 횟수는 업무 내용이나 업종을 고려하여 구성하며, 종업원들이 무리 없이 일할 수 있도록 한다.

▶ 생체시계에 대한 사원교육을 실시한다

교대제 근무에 대해 전문적인 연구를 하고 있는 컨설팅 회사들이 다양한 서비스를 제공하고 있다.

▶ 종업원들의 생활 전반에 관해서 조언을 하도록 노력한다

종업원들을 대상으로 한 건강관리 시스템에 수면이나 식사, 운동, 흡연 등의 생활습관에 대한 조언을 하도록 한다.

▶ 식사를 제공하는 공간을 개선한다

사원식당 등을 24시간 영업으로 하거나, 몸에 좋은 간식을 쾌적한 환경에서 구입할 수 있도록 자판기 등을 설치해준다.

▶ 업무내용을 점검해본다

업무내용이나 교대 업무 시간 등을 체크해서, 작업이 단조롭게 되지 않도록 한다.

▶ 기분전환에 도움이 되는 기기를 설치한다.

간단한 체조나 운동기기 등을 도입하여, 종업원들이 휴식시간 같은 때에 사용할 수 있게 한다.

▶ 휴식시간을 늘린다

특히 치밀한 작업을 요하는 업무는 수시로 휴식시간을 두도록 한다. 미국립직업안전보건연구소에 의하면, 카지노에서 일하는 카드 딜러들은 언제나 날카로운 집중 상태를 유지하기 위해 1시간에 10~15분 정도의 휴식을 취한다고 한다. 공항 관제관 등 안전에 관한 업무에도 휴식시간이 자주 필요하다.

▶ 낮잠을 잘 수 있는 공간과 시간을 준다

가수면실을 만들어 휴식시간 같은 때에 잠시 잠을 자는 것을 허가한다. 일본이나 유럽의 일부 국가에서는, 스케줄에 따라 직원들에게 가수면시간을 주는 것을 법률로 의무화하고 있다.예를 들어, 일본에서는 9시간 교대로 일하는 간호사의 경우 근무시간이 끝나 갈 무렵 1시간 정도의 수면시간을 주고 있다.

▶ 종업원 가족을 대상으로 한 이벤트를 연다

가족을 대상으로 일정표나 팸플릿 등을 배포한다. 주말을 포함한 보육 서비스나 사원 여행 등의 행사를 실시하도록 한다.

교대제 근무로 일하는 사람이 주의해야 할 것

▶ 기분전환을 수시로 하면서 일을 한다

단조로운 작업은 빨리 끝내고, 흥미 있는 일은 근무시간 맨 마지막에 하도록 한다. 가끔씩 자리에서 일어나거나 돌아다니거나 해서 정신을 맑게 한다.

▶ 낮잠을 잔다

만약 수면실이나 수면을 할 수 있는 시간이 없는 경우에는 담당자와 교섭을 해본다. 그것이 어렵다면 통근시에 10~20분 정도 차 안에서 잠을 자도록 한다.

▶ 식사 시간과 식사의 내용을 업무를 생각해서 정한다

지방분이 많은 간식은 되도록 피하고, 대신 과일이나 야채를 먹는다. 근무가 끝나고 바로 잠을 잘 것이라면, 식사는 가볍게 하라. 끝나고 몇 시간 정도 더 깨어 있을 생각이라면, 단백질과 탄수화물을 많이 섭취하는 메뉴로 정한다.

▶ 카페인은 적당한 양을 섭취한다

미주리 주 체스터필드의 성누가병원에서 마크 뮬백과 제임스 윌쉬가 실시한 조사에 의하면, 심야근무 이전에 레귤러 커피를 2잔분 또는 카페인이 함유된 탄산음료를 두 잔 마시면, 근무시간이 끝날 때까지 깨어 있는 효과가 지속된다고 한다.

피실험자 30명에게 카페인이 들어 있는 커피와 카페인이 없는 커피를 마시게 해, 5일 밤 연속으로 시뮬레이션에 의한 지속작업을 하게 했다. 그 결과, 카페인을 섭취한 사람들이 품질조사나 불량품의 수리, 파기의 속도가 더 빨랐다고 한다.

▶ 잠들기 전에는 담배를 피우지 않는다

니코틴에는 흥분제가 함유되어 있기 때문에 잠자리를 방해하기 쉽다.

▶ 낮에 잠을 잘 때에는 수분을 섭취하지 않는다

낮에는 야간의 4배 정도의 속도로 방광에 소변이 모이게 된다. 수분을 섭취하면 밤보다 빨리 화장실에 가고 싶어지며, 횟수도 증가한다.

▶ 낮에 잠을 잘 때에는 푹 잘 수 있도록 한다

방을 어둡게 하고 눈가리개나 귀마개를 하거나, 현관의 벨소리나 전화가 울리지 않도록 해둔다. 낮에 잠을 잘 때에는 오전 9시~오후 3시에 자도록 한다. 늦은 오후나 저녁이 되면 체온이 올라가기 때문에 잠을 설친다.

▶ 잠이 오지 않을 때에는 수면제를 준비한다.

상용하지만 않는다면 좋은 점이 많다. 언제나 사용할 수 있도록 준비를 해 놓는 것만으로 잠이 오지 않는다고 하는 불안감이 줄어든다.

▶ 최악의 시간(THE WORST OF TIMES)

12시 통풍 발작이 가장 많다

11시 불온하지증후군(restless leg syndrome)의 상태가 악화된다
피부의 과민성 및 가려움증이 최고조에 이른다
천식유발인자에 대한 예민성이 가장 높아진다

10시 30분 간식을 먹으면 체중이 가장 많이 늘어난다
10시 폐경기의 달아오름 증상이 가장 자주 일어난다

9시 아이들의 성장통이 가장 심해진다

8시 요통이 가장 심해진다

7시 산통(疝痛, colic)이 가장 자주 일어난다

6시 30분 혈압이 가장 높아진다
6시 콜레스테롤의 농도가 상승한다
다발성경화증의 통증이 심해진다
결합조직염의 통증이 심해진다

5시 30분 장궤양으로 인한 출혈이 가장 빈번하게 일어난다
5시 변형성 관절염이 가장 심해진다

4시 긴장성 두통이 가장 심해진다

3시 「점심식사 후의 식곤증(post-lunch dip)」
으로 인해 각성도가 최하

0시 30분 담낭(쓸개)의 발작이 자주 일어난다

1시 주기성 사지운동장애가 가장 자주 일어난다
가슴앓이, 소화성 궤양의 통증이 빈번하게 느껴진다

2시 울혈성심부전 증상이 최고조에 이른다

3시 유아돌연사증후군(Sudden Infant Death
Syndrome)에 의한 사망이 가장 많다
3시 30분 뼈의 파괴가 가장 심해진다

4시 야근 중의 실수가 가장 많아진다
군발(群發)두통, 편두통이 시작된다

5시 자동차나 트럭의 사고 위험이 가장 높다
천식 발작이 가장 심해진다
치통이 시작된다

6시 사인에 관계없이 사망 가능성이 최고

7시 고초열(hay fever)의 증세가 가장 악화된다
감기나 인플루엔자의 증상이 가장 악화된다

8시 류머티스성 관절염의 통증이 최고조에 이른다
코피가 가장 많이 터진다
우울증의 증세가 가장 심해진다

9시 심장발작, 뇌졸중이 가장 많이 발생한다

10시 협심증, 심장병에 의한 돌연사가 가장 많다

(오후)

12시 위궤양에 의한 출혈이 가장 많다

▶ 일년 동안의 건강(HEALTH AROUND THE YEAR)

12월 혈압, 콜레스테롤이 가장 높아진다
　　　겨울철 체중증가가 시작된다
　　　천공성(穿孔性)궤양의 위험도가 가장 높다
　　　유아돌연사증후군(SIDS)에 의한 사망이 가장 많다

　　11월 소아당뇨병의 발병이 가장 많다
　　　　동계 우울증의 증상이 시작된다

10월 남성의 테스토스테론 분비와
　　　성행위가 가장 많다
　　　초경이 가장 많이 일어난다
　　　폐경 후의 유방암이 가장 많이 발생한다
　　　흑종(黑種) 피부암이 가장 자주 발생한다

　　9월 천식 발작이 가장 자주 일어난다

　　8월 미국의 신생아 출산률이 가장 높다

1월 과식증에 의한 폭식이 늘어난다
정소(精巢)암, 자궁암의 진단이 가장 많다
감기나 인플루엔자가 가장 많다
유아돌연사증후군(SIDS)이 가장 많이 일어난다
심장발작, 뇌졸중이 가장 많아진다
코피 나는 일이 무척 많아진다

2월 남성의 정자수가 가장 많아진다

3월 봄에 몸이 마르는 증상이 종종 일어난다
고초열이 악화된다

4월 폐경전의 유방암의 진단이 가장 많아진다
통풍이 가장 심하게 악화된다
자살이 가장 많다

6월 당뇨병 조절이 가장 용이하다

7월 다발성경화증의 증상이 악화된다
손톱의 성장이 가장 빠르다

▶ 정기적으로 운동을 한다

조깅이나 산책, 자전거 등을 주 3회, 하루 30분 정도 하는 것을 습관화한다. 출근하기 직전이나 퇴근 직후에 운동을 하면, 몸 상태를 조절하고 심장의 기능향상에도 도움이 되며, 생체시계의 초기화도 가능하다.

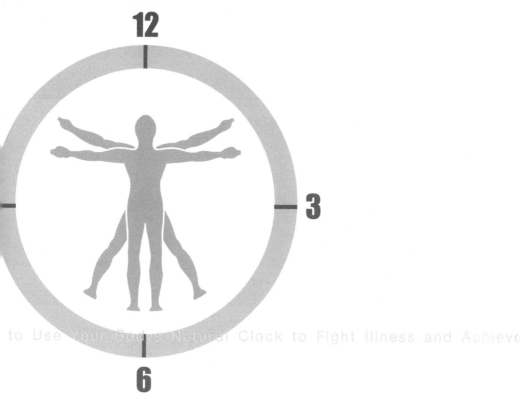

효과적인 약의 복용법과
치료의 시간술 11장

쥐를 이용한 실험으로 알아낸 약의 복용과 치료의 타이밍

약의 투여와 치료의 타이밍에 대한 실험은 1950년대에 시작되었다.

1958년, 미네소타대학의 프란츠 할버그 등은, 실험용 쥐에게 하루의 어떤 시간대에 유독성 약품을 투여한 결과 대부분이 죽었다. 그런데 12시간 후에 똑같은 약을 똑같은 양 투여한 결과 한 마리도 죽지 않았다.

또, 아침 10시에 큰 소음을 쥐들에게 들려주자, 모두 발작을 일으키는 것을 볼 수 있었다. 그렇지만 다른 쥐들에게 같은 소리를 낮 12시에 들려주자 아무 반응도 없었다. 이와 같이, 엑스선이나 물리적 화학적인 스트레스에 대한 반응도 시간대에 따라 달라진다고 알려져 있다.

【할버그 시간생물학연구소의 실험】

1960년대에 할버그 시간생물학연구소의 대학원생이었던 마이클 스몰렌스키는, 쥐를 이용한 실험으로 하루 중 시간대에 의해 치료의 효과가 달라진다는 사실을 발견했다.

"할버그에서는, 따분하기는 하지만 필요한 일에 가능한 한 긍정적으로 정열을 가지고 실험에 몰두했다. 하루의 여러 시간대에 여러 가지 약을 투여하여 본 것이다.

나는 코티코스테로이드(corticosteroids)의 연구를 했다. 이것은 호르몬인 코티졸의 합성품으로, 천식이나 관절염 등의 질병이 갑자기 악화되었을 때 염증을 완화시키기 위해 사용되고 있었다."

"사람의 몸도 일정한 스케줄에 따라 코티졸을 생산하고 있다. 분비량이 가장 많아지는 때는 눈을 뜰 무렵이며, 하루의 활동이 시작되는 시간이다.

나는, 몸이 호르몬의 증가에 대비하고 있는 시간에 코티코스테로이드를 투여한다면, 부작용을 줄일 수 있지 않을까 하고 생각했다."

"연구의 일환으로, 건강한 쥐들에게 24시간 가운데 여러 시간대에 약을 주사해 보는 계획을 세웠다.

투여되는 약은 지극히 일반적으로 처방되고 있는 코티코스테로이드 약물로 '메틸프레드니졸론(methylprednisolone)'이라고 불리는 것이 있다. 불활성염수용액이다. 조수가 없었기 때문에 연구소 내에서 지내며 실험에 몰두했다. 빵이나 땅콩버터, 젤리, 사과나 인스턴트커피 등의 필수품과 침구를 가지고 연구소에서 붙어 살았다."

"매일, 몇 개의 그룹으로 나눈 쥐들에게 코티코스테로이드를 주사했다. 한밤중, 새벽 4시, 아침 8시, 낮 12시, 오후 4시 그리고 8시였다. 각 시간 사이에는 기구를 세척하고, 소독하고, 다음 주사시간을 기다리며 휴식을 취했다.

21일 정도가 지났을 무렵, 나는 수면부족 때문에 머리가 어질어질했고, 쉽게 짜증을 냈다. 체중도 6킬로그램이나 줄었다. 옷은 쥐냄새가 나서 몇 번이나 빨지 않으면 지워지지 않았다. 하지만 원하는 결과를 얻을 수 있었다.

쥐들은 활동하는 시간대가 시작되고 바로 주사를 맞은 때에는 건강했다. 부작용이 가장 심했던 것은, 쉬고 있는 시간이나 그 전에 주사를 맞은 때였다."

복용해야 할 약의 용량이 지나치게 많거나 지나치게 적을 때도 있다

의사로부터 약을 처방받았을 때, '하루 세 번, 식후에 복용해 주십시오'라고 한다. 식사 후라고 말해 두면, 환자가 약을 복용하는 것을 잊지 않을 것이라는 사실을 의사는 알고 있는 것이다. 그리고 '하루 네 번'일 경우에는 잠자기 전에 한 번 더 복용한다. 하지만, 이 형태는 지금도 유효한 것일까?

만약, 하루 세 번이나 네 번이라고 하는 형태로 복용하는 약의 양이 모두 같다고 한다면, 몸이 약을 필요로 하는 상태가 하루 종일 변하지 않는다는 말이다. 즉, 상태는 변하지 않는다고 생각하고 있으니까, 같은 양의 약을 복용하면 같은 효과를 얻을 수 있을 것이라고 생각하는 사고방식이다.

하지만 이것은 잘못된 생각이다. 왜냐하면, 만약 하루 사이에 증상이 가벼워졌다든가 심해졌다든가 하면, 약의 양도 증세에 따라 늘리거나 줄여야 할 것이기 때문이다.

게다가 몸이 약을 흡수하거나 배설하는 패턴은 하루 동안 변화를 거듭한다. 만약 약의 양이 같다고 한다면, 어떤 시간에는 너무 많을 것이고 어떤 시간에는 너무 적게 된다는 것이다.

이것은 어떤 시간대에는 굉장히 효과적인 약이, 다른 시간에는 별로 도움이 되지 않는다고 하는 말이 된다. 전혀 효과가 없을 뿐만 아니라, 가끔은 오히려 몸에 해가 되는 일도 있을 수 있다.

아스피린(두통약)에 대해 생각해 보자.

미국에서는 어떤 가정의 구급상자에도 준비되어 있으며, 아마 전 세계에서 가장 널리 취급되고 있을 약의 하나이다. 아스피린은 안전성이 높다고 알려져 있어, 가끔 소량을 복용하는 정도는 아무 문제도 없다.

하지만, 장기간에 걸쳐 복용하게 되면 위의 피막에 염증을 일으키는 경우가 있으며, 위궤양이나 출혈의 원인이 되기도 한다. 이러한 증상은 적은 양의 '베이비 아스피린(75~100밀리그램)'으로도 일어나는 경우가 있다.

미국에서는, 40세 이상인 사람 중 수백만 명이 '베이비 아스피린'을 매일 1정씩 복용하고 있다. 심장마비나 뇌졸중을 예방하기 위해서이다.

올바른 시간에 복용한다면 위를 자극하거나 상처 입힐 가능성은 아주 낮다. 예를 들어, 밤에 복용한다면 위를 자극할 가능성이 거의 없는 것이다. 하지만 아침에 복용하게 되면 위를 자극하게 된다. 밤에 복용하면 전혀 문제를 일으키지 않는 아스피린도 아침에는 복용하지 못하는 사람이 많다.

천식 발작도 낮보다는 밤에 일어나는 빈도가 100배나 많다. 밤은 잠을 자고 낮에 활동하는 아주 일반적인 사람이라면, 오후 3시에 정제 스테로이드를 복용하면 그날 밤은 문제없이 잠을 잘 수 있을 것이며, 발작이 일어날 위험도 줄어든다. 하지만 야근을 하는 경우에는 스케줄에 맞추어 복용하는 시간을 조절하지 않으면 안 된다.

소화성궤양에 처방되는 약은, 하루 한 번 오후 6시에 저녁식사와 함께 복용하는 것이 가장 효과적이다. 이 시간에 복용하게 되면, 밤 늦게부터 가장 많이 분비되는 위액을 억제하는 데에 도움이 되기 때문이다.

암의 경우, 신체의 세포가 가장 무방비하고 손상을 받기 쉬운 것은 분열하고 있을 때이다. 항암제는 세포의 생식 리듬이 달라지는 단계에 공격하는 특징이 있다. 예를 들어 장기관의 암 치료에 사용되는 5-플루오로우라실(fluorouracil)이라는 약은, 몸의 내성이 높아지는 자고 있는 밤 시간에 주사하면 부작용이 거의 없어진다.

한편, 방광이나 난소, 그 밖의 암의 치료에 사용되는 아드리아마이신이나 독솔비신 등을 포함한 약에 대한 내성은 아침에 높다. 시간생물학에 기초하여 환자의 몸의 내성에 맞추어 이러한 약을 투약하도록 한다면, 좀 더 효과적인 치료가 가능하다는 것은 두말할 필요도 없다.

 ## 현대 약의 개발과정은 하루의 시간대를 무시하고 있다

현재, 약품의 발견이나 연구 가운데 95%가 연구용의 쥐를 이용하고 있다. 하지만 쥐는 야행성 동물이며, 연구를 하는 인간은 낮에 일하고 있다.

서리대학의 시간생물학자 조세핀 앨런트는, "그 때문에 얼마나 많은 시간과 노력과 자원이 헛되이 낭비되고 있는지 알 수 없을 정도이다"라고 지적한다. "최초로 약을 테스트한다는 것이 밤에 쥐에게 한다는 것은 이해하기 어렵다. 대부분의 약은 인간이 낮 시간에 복용하는 것이다"라고 그는 말한다.

이 사실은 사람을 불안하게 한다. 약의 안전성에 대한 실험은 신용할 수 있는 것일까? 지금까지 발암물질이라고 알려진 약들도 알맞은 시간에 복용하면 안전한 것은 아닐까? 안전하다고 생각되는 약도 다른 시간에 복용하면 위험한 것은 아닐까?

마침내 실험을 끝낸 약이 의사의 처방에 의해 환자에게 투여되는 단계에 이르러도, 하루 중 언제 복용하는가는 고려되고 있지 않다. 대부분의 전문가들은, 어떤 시간에 복용해도 효과는 마찬가지로 부작용의 위험성도 언제나 같다고 믿고 있는 것이다.

약이 개발되는 과정에서의 연구는 낮에 행해지는 것이 보통이다. 연구자들과 피실험자들이 편한 시간대에 실험이 행해진다. 이러한 실험은 아침 일찍부터 시작되는 경우가 많지만, 일반적으로 근무시간 안에 실험을 끝낼 수 있기 때문이라는 이유에 불과하다. 수면제의 개발과정에 있어서도 이러한 과정으로 실험이 행해지는 경우가 많다.

위산의 양, 혈액의 흐름, 위벽의 근육활동에는 매일 매일의 리듬이 있으며, 체내에 흡수되는 약의 양과 속도를 변화시킨다. 심장이나 뇌, 폐, 그밖의 기관으로의 혈액의 흐름, 세포와 조직이 약을 흡수하는 리듬이 약의 효과를 좌우하는 것이다. 간장이나 위장 등의 기관이 갖고 있는 매일 매일의 리듬이, 몸이 약을 필요로 하는 속도나 체내에 효과를 미치는 기간에 영향을 미친다.

이러한 모든 조건에 따라서 약이 치료의 효과를 발휘하는 기간이 결정되는 것이다. 이 리듬은 여러 약의 상호작용에도 영향을 미친다. 그러니까 하루 2~3회, 더 많은 약을 복용하는 만성질환을 앓고 있는 환자들에게는 중요하다. 하나의 약이 낮과 밤에 어떻게 효과가 다른지를 발견하기 위해서는, 낮과 밤에 각각 실험을 해보는 수밖에 없다.

물론, 실험을 하는 연구자들도 실험을 받는 피실험자들에게도 노력이 필요하다.

엄격하게 관리되는 상태 속에서 다종다양한 시간대에 여러 가지 반응을 관찰하기 위한 실험이 실시된다. 예를 들면, 피실험자는 잠에 들 때 나타나는 변화가 약의 효능에 영향을 미치는 것을 피하기 위해, 24시간 이상 깨어 있어야 할 경우도 있을 수 있다.

게다가 정해진 시간만 잠을 자고, 실험을 위해서 종종 자는 도중에 일어나야 하는 경우도 있다. 또, 약이 작용하는지 어떤지를 관찰하기 위해, 평소에는 아침, 점심, 저녁에 정기적으로 하는 식사도 불규칙하게 되어 버릴지도 모른다.

이렇게 샘플이 되는 혈액의 채취, 체온이나 소변의 양 등 자주 행해지는 여러 가지 계측에도 협력하지 않으면 안 된다. 연구를 하는 쪽도, 약의 영향이 흡수나 신진 대사에 대한 작용이 하루 동안 어떻게 변화하는지를 측정한다. 연구자도 피실험자의 스케줄에 맞추어 행동한다.

현재, 미국식품의약국(FDA)은 그러한 실험을 요구하고 있지는 않지만, 몇몇 제약회사에서는 투약의 시간대가 서로 다른 시간일 경우의 차이를 실험하고 있다. 앞으로는 많은 제약회사에서 이러한 실험이 실시될지도 모른다. 밤낮에 관계없이 자료를 수집할 수 있는 장비나 기구, 그 결과를 분석하는 컴퓨터 소프트가 널리 보급되고 있기 때문이다.

이러한 장비가 있으면 혈액이나 맥박, 그 밖의 몸의 기능을 측정하고 조사하는 것이 가능하다. 그리고 의사들도 담당하고 있는 환자를 진찰할 때 몸의 기능이나 병의 증상도, 하루 중 변화나 장기적인 변화도 관찰할 수 있게 되고 있다.

「시간치료」라고 하는 인식이 새로운 약재의 개발과정을 바꾼다

밤이 되면 관절염의 통증을 완화하기 위해, 오후에 아스피린을 복용한다. 위궤양에 걸린 사람이 밤에 위액을 억제하기 위해 저녁식사 후 약을 먹는다. 아침에 가려워지는 알레르기를 예방하기 위해 잠자기 전에 항히스타민제를 먹는 등의 행동은, 모두 시간치료라고 하는 사고방식이 포함되어 있는 것이다.

시간치료를 고려한다면 약의 분량은 복용하는 시간에 따라 변하게 된다. 예를 들면 당뇨병 환자에게는 이미 적용되고 있다. 우선 혈액의 상태를 보며 필요한 양의 인슐린을 투여하기 때문이다.

미국에서 처음으로 의학적인 관점에서 시간치료가 사용되기 시작한 것은 1960년대이다. 미국국립보건연구소의 연구원들은, 천식이나 관절염 같은 염증성 질환을 앓고 있는 환자가 코티졸과 비슷한 '메드롤(medrol)'이란 약을, 몸이 자연히 같은 성분의 호르몬을 분비하는 시간(아침나절)에 맞춰 복용하면 다른 시간대보다 부작용이 적고, 회복도 빠르다고 보고했다.

업존(Upjohn)사가 개발한 이 약에 의해, 시간치료라고 하는 사고방식에의 신뢰도는 높아졌다. 의사들도 시간을 고려하여 투약하는 것으로 치료의 효과가 높아진다는 사실을 알고, 시간에 따라 처방하는 방법에 흥미를 나타내게 되었다.

미국에서 처음으로 시간생물학에 기초해 개발된 약은 '유니필(Uniphyl)'이다. 이 약은 천식을 치료하는 효과가 있는 테오필린(theophylline, 차잎에서 추출한 알칼로이드로 근육이완제, 혈관확장제로 사용)으로, 1989년에 퍼듀 파마(Perdue Pharma) 제약사가 개발한 것이다. 저녁 이른 시간에 하루 한 번 복용하면, 천식의 발작이 일어나기 쉬운 한밤중에 약리 효과가 가장 높아진다고 한다.

또, 1996년에 썰(Searle) 제약회사에서 개발한 고혈압과 심장병에 쓰이는 약 'Covera-HS'도 더욱 정교한 시간생물학에 기초하고 있다.

'HS'는 라틴어의 약자(hora somni, 직역하면 '수면의 시간에'라는 의미)로서, 수면 시간에 약을 복용하는 것을 의미한다. 즉 잠자고 있는 도중이다. 이 정제의 외부는 천천히 녹게 되어 있어서, 자기 전에 복용하게 되면 깨어나기 직전까지 약이 체내에 흡수되는 것을 지연시켜 준다. 이 약의 대부분이 깨어나 있는 시간에 정상적으로 몸에 흡수되게끔 되어 있다. 다시 저녁에서부터 한밤중까지는 보통 몸은 이 약을 그다지 필요로 하지 않기 때문에 체내 흡수량이 서서히 줄어들게 되어 있다.

몇몇 제약회사에서는 시간생물학을 '차기의 새로운 사업'으로 정하고 있다. 잘 듣고 안전한 약을 만드는 것이 이익이 된다고 인식하고 있기 때문이다. 게다가 의사들이 생체시계에 대한 인식을 새롭게 하고, 연구개발에 필요한 금전적인 원조도 진행되고 있다.

미국의 의학잡지에는 하루 한 번의 투약으로 충분한 약들에 관한 컬러 광고가 많이 게재되고 있다. 하지만 그 중에는 '시간'이라는 단어를 잘못 사용하고 있는 경우도 있다. 즉 이것은 '24시간 관리'라고 선전되고 있지만, 그것은 시간치료에 대한 인식부족 때문이다.

이러한 약들은 체내에 흡수되는 시간을 늦추는 것뿐이며, 인간의 몸의 리듬에 맞추고 있는 것은 아니기 때문이다. 진정한 시간치료라고 하는 것은 필요한 때에 필요한 양만 약이 투여되는 형태가 아니면 안 된다.

필요한 때에 체내에 흡수되는 새로운 기술에 의해, 시간치료는 좀 더 현실적인 치료 방법이 되었다. 좋은 약이라는 것은, 최적의 시간에 복용이 가능하고 알맞은 효과를 발휘하는 시간에 작용하는 약을 말하는 것이다.

 ## 지금 시험되고 있는 「시간치료」의 최전선

현재 시판되고 있는 약들 중에서도 시간에 따라 다른 양의 약을 체내에 흡수시키는 역할을 하는 약이 있다.

이러한 약을 개발하고, 미국식품의약국(FDA)의 허가를 받기 위해 제약회사들은 질병에 따라 약이 필요한 타이밍, 약 자체의 성질을 생각해서 개발을 했다. 그 결과, 시간생물학을 응용한 약이 탄생하고, 하루의 각기 다른 시간대에 있어서 잘 듣는지와 안전한지의 여부를 실험하는 방법을 생각해 낸 것이다.

미시간대학의 찰스 월그린 Jr. 기금의 약학 및 조제학 교수인 고든 아미돈은, 현재 약품개발과정에서 사용되고 있는 임상시험은 시대착오적이라고 지적한다. 그는, "항상 같은 양을 투약하는 것이 가장 좋다고 하는 선험적인 근거는 없다. 정답은 아마도 그 반대일 것이다"라고 말한다. 하루 분량의 약 중에서 아침은 3분의 1, 밤에는 3분의 2를 복용하는 것이 좋을 수도 있다는 말이다.

경구 약품인가 정맥주사인가 등에 관계없이, 약을 투약하는 데 적절한 시간과 양을 발견하기 위해서는 시간과 양을 조금씩 바꾸어 가며 약리적인 반응을 측정하고, 어느 분량과 시간이 가장 효과적인지를 조사할 필요가 있다. 투약하는 기간은 하루, 1주간, 한 달씩 나누어 기록할 필요가 있으며, 몇 년에 걸쳐 기록해야 할는지도 모른다.

미시간대학 교수인 아미돈은 "환자의 특징에 맞추어 약을 처방한다면 치료 효과가 더 좋아질 것이다"라고 추측한다.

예를 들어, 의사는 전형적인 화합물에 대한 환자의 반응을 계속 조사하며, 유전적 체질이나 알레르기, 건강 상태 등의 개인적인 특징을 고려해 처방을 해야 한다는 말이다.

병원 등에서 24시간 측정한 결과, 그리고 환자 자신이 증세에 대해 쓴 일기 등도 필요해진다. 이러한 자료들을 모아서, 특정한 약을 복용하는 시간에 의해 어느 정도 효과가 있는지를 추정해 내는 것이다. 총체적인 건강상태를 지갑 크기의 카드에 기록하거나, 소형화하여 장신구로 몸에 걸치거나, 치아에 이식해 두거나 하여 위급 상황에 대비하는 방법도 고려해 볼 수 있다.

장기간에 걸쳐 약을 투여하는 시간과 양을 조절하는 것은 어려운 일이지만, 이미 실현시키고 있는 분야도 있다.

1주일 동안, 1개월 분량의 약을 넣어 적절한 시간에 적절한 양을 투여하는 펌프는, 이미 암이나 당뇨병 외에 중환자들에게 사용되고 있다. 이런 펌프에는 체내에 삽입해도 간단하게 내용물을 바꿀 수 있는 것, 몸 밖에 붙여서 사용하는 것들도 있다.

이러한 기술을 발전시켜 나간다면, 현재의 피임약이나 항정신병제 등을 피부 안에 삽입하여 몇 개월, 몇 년이나 되는 기간 동안 약효성분을 자유롭게 조절하는 일이 가능하게 될 수도 있을 것이다. 이러한 시스템을 응용한다면 시간생물학을 이용한 방법으로 약을 투여할 수 있을 것이 틀림없다.

현재 스킨패치라고 불리는, 약재의 투여량을 시간에 따라 조절하는 방법도 이미 실용화되어 있다.

최근 실험중인 것은 매사추세츠공과대학이 개발한 10센트짜리 동전 크기의 실리콘제 마이크로칩이다. 이것은 복수의 약을 넣어둘 수 있도록 되어 있다. 통칭 '스마트 태블릿(smart tablet)'이라 불리는 이것을 사용하면, 아침에 적당한 시간에만 한 번 약을 먹으면 필요한 시간에 필요한 양만큼만 약이 자동적으로 투여되게 된다. 이 마이크로칩은 피부 안에 삽입하는 것도 가능하다.

장래에는 멜라토닌 같은 생체시계를 바꿀 수 있는 작용을 하는 약이 지금보다 훨씬 늘어날 것이다. 이러한 약을 시차부적응의 방지나 근무시간이 바뀔 때에 사용하거나, 수면부족일 때에 활용할 수 있게 될 것이다.

시간치료라고 하는 관념 그리고 시간치료에 기초한 새로운 약과 시스템은 느리기는 하지만 발전하고 있는 것이다.

 ## 「시간치료」를 주치의를 통해 시험해 본다

현재, 무슨 병으로 의사의 치료를 받고 있는 중이라면 시간치료에 대해 논의해 보는 것도 중요하다. 예를 들면,

- 언제 증상이 나타나는가?
- 혈액채취나 기타 다른 테스트는 언제 받는 것이 좋은가?
- 처방받은 약은 언제 복용하면 좋은가? 약이 생각한 만큼 잘 듣지 않거나, 부작용이 나타날 때는 복용시간을 바꾸면 개선될 가능성은 있는가?
- 내가 가진 병에 시간치료가 응용될 수 있는가?

등의 사항을 질문해 보자. 아쉽지만 대부분의 의사들은 시간생물학에 대하여 잘 알지 못하며, 시간치료에 대한 지식도 거의 없다. 하지만, 질문이 계기가 되어서 조사해 볼 마음이 들게 될지도 모른다. 시험해 볼 만한 가치는 있을 것이다.

1999년, 미국에서는 추정 2천 8백억 건의 처방이 환자들에게 내려졌다. 하지만 FDA의 보고에 의하면, 처방대로 약을 복용하지 않는 사람이 50%나 된다고 한다.

환자가 의사의 지시를 정확히 따른다고 해도, 약이 생각보다 잘 듣지 않거나, 좋지 않은 부작용을 일으킬 수도 있다. 그렇다면 약의 종류와 양은 정확하다 하더라도 시간이 잘못되었을 수도 있다.

의사가 약을 처방해 줄 때, 식전 복용인지 식후인지, 하루 1회인지, 아니면 2회 또는 3회, 혹은 그 이상이라는 등의 지시가 있을 것이다. 또, 약의 종류에 따라서는 '깨어있을 때' '잠자기 전에' 등의 지정 시간이 있는 것도 있다. 수면제같이 사용하는 시간이 한정되어 있는 약도 있지만, 대부분의 약은 그렇지 않다.

정제나 캡슐, 스킨패치 등의 약은, 언제나 일정량을 복용하면 효과도 동일하다고 하는 사고방식에 기초하고 있다. 하지만 이래서는 몸의 리듬에 맞는 효과를 기대하기 어렵다.

예를 들어, 무엇을 먹는가에 의해 약의 흡수 속도가 변화한다.

밤에는 몸의 기능이 대부분 저하된다. 위의 소화 작용도 느려지기 때문에, 밤에 먹은 약은 아침에 먹는 약에 비해 천천히 몸에 흡수되게 된다. 또, 약을 체외에 배설하는 역할을 하는 신장도 밤에는 그 활동이 둔해진다. 야간에 배설 횟수가 줄어드는 것은 이 때문이다. 그래서 약은 야간에 체내에 남는 시간이 더 길어진다. 몸은 하루 동안 여러 종류의 호르몬을 분비하고 있는데, 이 중 많은 호르몬들이 약의 흡수율을 변화시키는 작용을 하기도 한다.

최근, 하루 한 번 복용하면 되는 약이 시판되게 되었다. 그 중 대부분은, 단지 혈액이나 세포 내에서의 약의 농도를 일정하게 하는 것뿐이다. 이러한 약을 복용하게 되면, 몸속에 약이 지나치게 많은 시간과 지나치게 적은 시간이 생길 가능성이 높다.

제약회사는, 하루 한 번, 아침에만 약을 복용하는 것을 권유하는 경우가 많다. 그러면 아침에 약을 복용하는 편이 효과적이며 안전하지 않을까 하는 생각이 들게 되지만, 이 복용시간에는 과학적인 근거가 전혀 없다.

복용 시간이 지정되어 있는 것은, FDA의 규정으로 그렇게 정해져 있기 때문이다. 약의 시판을 허용할 때, FDA는 약의 유효성과 안전성을 증명하는 출시 전 시험에서 환자가 그 약을 복용한 시간에 기초해서 투여시간을 지정한다.

따라서 아침 복용이 기준으로 되어 있는 것은, 단순히 습관이며 편리하기 때문이라는 이유에 지나지 않는 것이다. 약에 대한 대규모적인 조사는 언제나 아침으로 지정되곤 하지만, 그것은 많은 사람들이 그날의 어떤 시간보다도 오전 8시에 알약을 복용할 물이 있는 세면장이나 부엌에 있을 가능성이 많기 때문이다..

만일, 담당 주치의에게 하루 한 번 복용하도록 지정되어 있는 약을 아침 이외에 편할 때 복용해도 상관없을지 물어보면, 정기적으로 복용한다면 언제 복용해도 상관없다고 대답할지도 모른다.

하지만 지금까지 지적해온 대로 시간치료라고 하는 사고방식에 기초하면, 약은 생체시계에 맞추어 시간과 양을 조절하여 복용해야 하는 것이다. 그렇게 하면 좀 더 약의 효능과 안전성을 높일 수 있을 것이다.

몸이 가장 필요로 할 때, 몸의 내성이 가장 높을 때에는 약을 많이, 그다지 필요 없을 때나 내성이 저하되었을 때는 약을 적게 복용하는 것이 시간치료에 근거한 약의 복용방법이라 할 수 있을 것이다.

「최적의 시간」을 찾아내는 것이 「시간생물학」 의 목적

FDA 종양 폐질환약 분과의 과학자인 제럴드 소콜은 "체내의 모든 시스템은 시간생물학적 메커니즘으로 움직이고 있다"라고 말한다.

"어떤 생물에게도 이 메커니즘에 의해 약제의 수용성에 차이가 생긴다. 심장병을 앓고 있는 사람에게는 아침이, 천식을 앓는 사람에게는 밤이 가장 위험한 시간이라고 우리는 알고 있다. 따라서 이들 시간대까지 효과가 지속되는 약이 필요해진다."

"이 분야는 아직 연구가 진행되어 있지 않다. 특히 항암제 치료는 더욱 그렇다. 잠재적으로 매우 독성이 높은 약을 아슬아슬한 한계까지 사용하고 있기 때문이다"라고 그는 말한다.

시간생물학의 문제를 해결하기 위해, 무작위로 추출한 임상실험을 계획하고 실행하는 것은 상당히 어려운 기술적 문제를 제기한다고 그는 말한다.

이러한 실험의 경우, 보통은 피실험자들을 반씩 그룹을 나누어 한 편에게 대상이 되는 약을 투여하고, 다른 한 편에게는 플라시보(placebo, 가짜 약)를 투여한다. 하지만 시간생물학에 기초하여 실험을 할 경우에는, 하루의 시간은 물론이고 계절에 의한 변화도 고려할 필요가 있다.

성별에 의한 차이, 특히 여성의 경우는 어떤 약은 월경주기의 시기에 의해 효과가 달라지는 경우도 있다고 알려져 있다. 게다가 젊은 사람과 고령자 등 연령에 의한 차이도 중요하다.

약에 대한 연구에 있어서는, 변수가 많아지게 되면 통계를 내는 원인을 증명하기 위해서도 필요한 환자수가 늘어나게 된다고 그는 말한다.

현재, 하나의 약의 개발에 있어서의 효과와 안전성을 증명하기 위해 실행되는 출시 전의 무작위시험에는 최소한 100명 이상의 환자를 필요로 한다. 이만한 사람들을 모으는 것은 어려운 일이다.

그는, "시간생물학 시험에서는, 3백 명이 필요할지도 모른다. 우리들은 수많은 변화에 대응 가능한 통계 시스템을 개발하지 않으면 안 된다. FDA는 초콜릿과 바닐라처럼 아주 단순한 시험에조차도 고민을 거듭하고 있다. 시간생물학상의 문제에 관한 자료 모두를 분석하게 된다면 그 복잡함이란 차원이 틀릴 것이다"라고 말한다.

시간생물학에 기초한 약의 투여와 효과의 실증에는 아직 수많은 문제들이 산적해 있다.

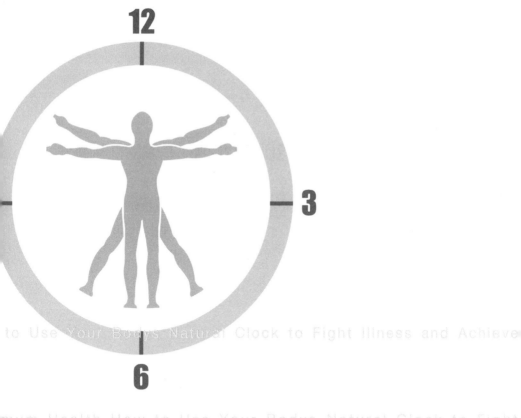

「시간생물학」이 여는
인간의 커다란 가능성 12장

「시간생물학」이 건강한 생활과 질병의 예방에 도움이 된다

지금까지 진술했던 대로, 우리들 인간들에게뿐 아니라, 모든 생물의 행동패턴과 주기적인 리듬은 생체시계가 좌우하고 있다. 지금, 생체시계에 관한 수많은 연구 성과가 '시간의학(Chrono-medicine)'이라고 하는 새로운 학문영역으로 정착하고 있다.

최근의 연구 성과에 의하면, 시간의학은 감기나 유행성 감기 등의 가벼운 질병을 시작으로, 두통이나 허리 통증, 관절염과 고혈압, 심장질환, 암 등의 심각한 질병의 예방과 치료에 도움이 되는 학문으로서 기대되고 있다.

지금까지 여러 전문기관이 진행해 온 시간의학에 대한 연구 성과를 들어 보겠다.

▶ 생체시계의 혼란이 질병의 바로미터이다

생체시계의 리듬을 알아내는 데 가장 쉬운 방법은 매일의 기상과 취침 시간이다. 이 사이클이 흐트러지기 시작한다면 무언가의 병에 걸렸다는 신호라고 생각할 수 있다. 예를 들어, 곧잘 피곤해지고 잠이 들기 어려울 때에는 에이즈를 비롯해 당뇨병이나 우울증, 여러 동맥경화증 등에 걸렸을 가능성이 있다.

▶ 특유의 증상이 나타나는 시기나 시간으로 질병을 판단할 수 있다.

심장질환, 뇌졸중, 급성 두통, 고초열, 류머티스 관절염 등의 질병의 징후나 증상은 아침에 일어나기 쉽다. 또한, 밤에는 천식, 통풍, 유아의 산통(疝痛, 주기적으로 일어나는 복통), 위궤양, 가슴앓이 등이 일어난다.

여성이 앓는 만성적인 질병의 대부분은 월경 며칠 전에 계속해서 악화된다. 갱년기 직전의 여성은 봄에 유방암 종양을 발견하는 경우가 있다. 그리고 겨울에는 남성의 고환에 암이 발생하는 일이 많다.

▶ **하루 동안 일어나는 증상으로 정확한 진단이 가능하다.**

아침에는 혈압이 오르기 쉽고, 적혈구가 뭉치기 쉬워 심장발작이나 뇌졸중을 일으키기 쉽다. 또, 수면 중에 산소가 뇌에 공급되지 않아, 아침이 되어 두통이 생기는 경우도 있다. 이러한 증상이 하루 사이에 어떻게 변화하는지를 알게 되면, 의사는 보다 빨리 정확한 진단을 내릴 수 있다.

▶ **생체시계를 초기화시킬 수 있다.**

생체시계가 흐트러지게 되면 몸의 컨디션이 나빠진다. 졸리는 시간이 늦어지고, 아침 일찍 잠에서 깨어 버려 우울한 기분에 시달리곤 한다. 시간생물학에 기초한 치료방법을 이용하면, 생체시계를 초기화하여 이러한 증상을 완화시킬 수 있다.

▶ **시간에 따라 증상이 변화하는 질병의 치료에 도움이 된다.**

대부분의 사람들은 낮에는 깨어 있고 밤에는 잠을 잔다. 규칙적으로 생활하는 사람의 경우 생체시계의 리듬은 예측하기 쉽다.

몇몇 연구소에서는, 시간의 경과와 함께 일어나는 수정인자를 발견하고 있으며, 그 내용을 보고하고 있다. 새로운 외래환자용의 모니터 장비가 있는데, 그것을 사용하게 되면 의사는 혈압이나 심장박동수, 활동과 휴식의 사이클 등의 건강상태를 나타내는 지표들이, 하루 24시간 동안 어떻게 변화하는지를 금세 파악할 수 있다. 컴퓨터로 그 자료를 모으고 분석하는 것에 의해 좀 더 정확한 진단을 내릴 수 있다.

▶ 효과적인 약의 복용방법을 알 수 있다.

올바른 약을 올바른 시간에 복용함으로써 약의 효과를 높이고, 불필요한 부작용을 억제할 수 있다. 증상이 개선되면 기분도 좋아지고, 계속해서 약을 복용할 만한 기력도 솟아난다. 게다가, 증상이 갑자기 악화되거나, 예측하지 못한 약의 부작용도 사라져서 의사에게 찾아가는 횟수도 줄어들고, 만성이 되어도 입원하지 않아도 된다.

▶ 약이 필요 없는 치료방법을 사용할 기회가 늘어난다.

예를 들어 태양광선과 유사한 빛을 쬐는 것으로 겨울 우울증세인 환자를 치료하는 방법을 들 수 있겠다. 밤에 잠을 자지 못하고 돌아다니는 고령자에게도 유익한 방법이다. 또, 교대제로 근무하는 사람이나 시차부적응에도 유효하다고 생각된다. 약을 사용하지 않는 또 다른 치료방법이 개발될 수도 있다.

▶ 더 좋은 생활습관의 개선에 효과적이다

예를 들어 불면증이라고 스스로 느낄 때에도, 생체시계의 작용을 알고 있다면 매일 평소처럼 일어나는 습관을 들인다. 매일 늦잠을 자는 것보다, 장기적으로 보면 생활 리듬이 불규칙하게 되지 않는다. 수면부터 시작하여 식사나 운동 등의 습관을 규칙적으로 하면 만성적인 질병의 증상을 가볍게 할 수 있고, 회복도 빨라지게 된다.

「시간생물학」은 의사에게도 제대로 알려져 있지 않은 새로운 사고방식

시간생물학은 완전히 새로운 관념이다. 일반 사람들에게는 물론 의사들에게도 제대로 알려져 있지 않다.

1996년에 미국의사회가 320명의 1차 진료 내과의들을 대상으로 실시한 조사에 의하면, 절반 정도가 「시간생물학에 대해 잘 알지 못한다」라고 응답했다. 그 중 4명 중 한 명은, 질병의 진단이나 처방을 내리는 데 생체시계를 고려하는 것은 그다지 중요치 않다고 대답했다.

대부분의 의사들은 지극히 일반적인 질병이 아침이나 오후, 그리고 저녁이나 밤이 되면 언제나 특유의 증상이 나타난다는 사실을 알지 못했으며, 또는 그러한 증상이 일어나는 시간을 잘못 알고 있었다. 시간생물학에 대해 조금은 알고 있다는 의사들조차도 역시 그랬다. 그들은 하루 동안에 혈압이 크게 변화한다는 사실조차 모르는 사람도 많았다. 또한, 산모의 진통(陳痛, labor pains)이 자연적으로 일어나는 것은 보통 밤이라고 하는 사실도 알지 못했다. 즉, 언제 진찰을 해도 같은 결과가 나온다고 생각하고 있었다는 것이다. 약을 복용하는 시간이나 치료에 대해서도, 언제나 같은 효과를 발휘하며, 비슷한 결과를 가져온다고 생각하고 있었던 것이다. 하지만 그것은 잘못된 것이다. 그것을 증명해 보이겠다.

320명의 내과의는, 직업적 숙련기가 최고조에 이른 50세 이상의 의사들로, 경험이 풍부한 전문가였다. 일반 가정의나 내과의로서 10년 이상의 경험이 있고, 전원이 매월 거의 4백 명 이상의 환자들을 진찰했는데, 이들은 조사 대상이 된 모든 병이나 증세를 가진 사람들이었다.

하지만, 그들이 고혈압이나 관절염, 호흡기성 알레르기, 천식, 협심증, 심장마비, 편두통 등의 질병에 대해 알고 있는 것들은 환자보다 약간 더 잘 아는 정도에 불과했다.

조사 결과, 의대에서 시간생물학을 배웠다고 대답한 사람은 전체의 3분의 1에 불과하며, 그들 중 대부분이 40세 이하였다. 또 시간생물학에 대해 조금이라도 지식이 있다고 대답한 사람들의 대부분이 의학잡지나 의학논문으로부터 지식을 얻었다고 한다. 조사가 실시되었던 1996년에는, 대략 2천 건 정도 되는 시간생물학 관련 논문이 전 세계의 학술지에 실리고 있었다. 어느 의사라도 읽어볼 수 있을 정도로 상당히 많기는 하지만, 그래도 아직은 충분한 양은 아닐 것이다.

의사나 그들의 환자는 또한 시간생물학에 대해서는 대중매체상의 보도로부터 지식을 얻고 있었다. 최근에 《뉴욕 타임즈》, 《워싱턴 포스트》, 《월스트리트 저널》, 《타임》, 《뉴스위크》 등의 많은 신문이나 잡지들이 시간생물학의 발전에 대해 보도하고 있다. 대부분의 TV 방송에서도 암이나 그 밖의 질병을 치료하는 적절한 시간대, 졸음운전, 스포츠 선수들을 대상으로 한 시차부적응의 영향, 멜라토닌, 광선요법 등과 같은 주제들에 관해서 많은 이야기를 쏟아내고 있다.

이러한 이야기들은 아직 그 수가 너무 적거나, 아니면 너무나 다양해서 피상적으로 서로 관련이 없어 보이므로 사람들의 의식이나 태도를 바꾸기에는 무리가 있다. 일반사람들은 물론 병에 걸린 환자들까지 포함하여 각각의 질병이 보여주는 시간상의 변화 과정을 별로 알고 있지 못한 실정이다.

다음과 같은 말들에서 저간의 사정을 알 수 있다.

- 당신이 말을 하니까 알겠는데, 저는 아침에 일어났을 때 종종 편두통에 시달려요.

- 저의 고초열은 아침에 상태가 더 심해집니다.

- 저의 골관절염은 늦은 오후에 재발해요. 아마도 그날 아침 일찍 너무 많은 일을 해서일 겁니다.

- 일을 막 시작했는데 갑자기 꽝 하는 느낌이었습니다. 갑작스런 통증이 다가왔죠. 제가 그날 아침 자동차를 운전하고 있었을 때 심장마비가 일어나지 않은 것이 천만다행입니다.

그러면, 미국의 의사들은 어느 정도 생체시계에 대해 이해하고 있는 것일까? 다음의 표는 1996년 갤럽이 미국의사회의 의뢰로 미국의 의사들과 일반인들을 대상으로 행한 질문과 그 응답이다.

【생체시계에 대한 인지도】

이러한 증상이 가장 자주 일어나는 것은 몇 시쯤인가?	정답	320명의 의사들 중 정답자의 비율	일반인 1,011명 중 정답자의 비율
심장 발작	오전 6시~낮 동안	40%	26%
천식 발작	한밤중~오전 6시 사이	26%	15%
혈압이 가장 높아짐	한낮~오후 6시 사이	질문없음	44%
코막힘이나 재채기 등, 알레르기 증상의 악화	오전 6시~낮 동안	24%	34%
앙기나(가슴의 통증)	오전 6시~낮 동안	38%	질문없음
급격한 혈압 상승	오전 6시~낮 동안	45%	질문없음
편두통이 일어난다	오전 6시~낮 동안	24%	질문없음
류머티스성 관절염의 악화	오전 6시~낮 동안	46%	질문없음
자연적인 진통의 악화	한밤중~오전 6시 사이	33%	질문없음
월경의 시작	오전 6시~낮 동안	14%	질문없음

생체시계의 리듬은 월경주기의 증상을 좌우한다

1996년에 미국의사회가 실시한 조사로, 월경주기가 생체시계의 리듬과 일치한다고 대답한 의사들은 4명 중 한 명이었다. 그렇지만 본래는 모든 의사가 이 사실을 알아야 할 것이다. 여성들은 모두 알고 있기 때문이다.

체중의 변화나 에너지가 있는지 없는지, 컨디션이나 수면, 먹을 것의 기호, 섹스에의 흥미, 피부의 발진, 편두통의 빈도, 천식의 발작 등의 여러 가지 증상과 경향은, 한 달 사이에 정해진 형태로 일어난다는 것을 알고 있는 것이다.

일이나 스트레스, 수면, 식사, 그리고 날씨까지도 포함한 여러 가지 요인이 다른 때보다 증상을 가볍게 하거나 심하게 하거나 한다. 또 개인차도 있어, 어떤 여성은 다른 여성보다 심하거나 좀 더 가볍거나 한다. 몇 명의 내과의들을 포함하여, 여성들도 생체시계의 리듬이 이러한 증상이나 경향의 정도에 영향을 끼친다는 사실을 인정하고 있지 않다는 이야기가 된다.

하지만 이러한 증상이나 경향을 잘 조절하는 여성은, 고통을 잘 견디고 침착하게 대응한다.

체중에 신경을 쓰는 여성들은, 월경이 시작되기 직전에 브라우니(땅콩이 들어 있는 초콜릿 과자)를 먹어도 그다지 걱정하지 않는다. 왜냐하면, 이 시기의 며칠간은 '정해진 초콜릿 기간'이기 때문이며, 초콜릿이나 단 것이 먹고 싶어지는 때라는 것을 알고 있기 때문이다. 또한, 여성 스포츠 선수나 배우의 경우에는, 월경을 잘 조절하지 못해 충분히 실력을 발휘하지 못해도 신경 쓰지 않는 사람도 있다.

그다지 잘 알려져 있지 않은 일이지만, 배란일이 가까운 날에 일반적인 자궁경부의 암 조사인 팝테스트를 하게 되면 매우 정확도가 높은 결과를 얻을 수 있다. 월경주기의 중간 정도에 이 검사를 받아도, 자궁경부의 암을 조기 발견하는 데 도움이 된다.

또, 만성적인 질병은 월경 시에 증상이 심해진다.

예를 들어 천식의 경우. 병원에서의 치료가 필요할 정도로 중증의 천식을 앓고 있는 성인 4명 가운데 3명은 여성이다. 이러한 여성이 월경 직전이나 직후에 입원하는 경우는 다른 시기보다 4배 이상이나 많다. 이것을 알고 있으면, 사전에 천식의 증상에 주의를 기울일 수 있으며, 의사 쪽에서도 치료 방법이나 기간을 조절할 수 있다.

하지만, 그를 위해서는 환자와 의사 양쪽이 생체시계에 대해 올바른 지식을 가져야 한다.

생체시계의 작용에 대해 아는 것은, 언제 치료를 하면 성공할 확률이 높아지는가 하는 것도 좌우한다. 유방암에 걸린 5천 명 이상의 여성을 조사한 연구에 의하면, 수술의 시기에 의해 그 뒤의 수명에 영향이 있다는 사실을 알 수 있었다.

월경주기를 절반 이상 지난 후에 수술을 받은 여성은, 그 이외의 시기에 받은 여성에 비해 평균 수명이 길었다. 하지만, 많은 전문가들은 이러한 연구결과에 회의적으로, 일반적으로 유방암의 수술은 외과의의 스케줄에 따라 집도되고 있다.

기원전 고대문명은 생체시계가 전제였다

기원전 7세기, 그리스의 시인 헤시오도스는 "질병은 사람들을 방문한다. 일부는 낮에 오고, 다른 일부는 밤에 온다"라고 쓰고 있다.

그로부터 3백 년 후, 그리스의 위대한 의사 히포크라테스는 "누구든지 치료 과학을 올바르게 추구하고 싶다면, 우선 그 해의 계절과 그 때 무엇이 일어나고 있는가를 탐구해야 할 것이다"라고 했다.

하지만, 그 후 몇 대에 걸쳐 의사들은 이 사실에 대해 무관심한 태도를 보였다.

기원전 300년에 씌어진 중국의 고전의학서 『황제내경(黃帝內經)』에는, 건강의 관념에 대해 서늘함과 따뜻함, 습기와 건조, 수동과 능동 등의 균형이 영향을 준다는 기록이 있다. 음과 양, 태양과 달, 밤과 낮, 남편과 아내 등이 대칭이 되어 우주 전체를 나타낸다고 하는 것이다.

음양이라고 하는 관념은 아직도 중국 의학의 중심이 되고 있다. 음양은 태양과 달이 끌어안은 둥근 그림으로 표시되고 있다. 수면의학의 전문가들의 조직인 미국수면회는, 이 도안을 통해 수면과 기상에 최적의 시간을 찾으려고 하고 있다.

고대문명이 남긴 유적에서도, 혹성의 시간뿐 아니라 생체시계에 대한 지식이 있었다는 증거가 있다.

영국 남서부에는 4천 년 전에 세워졌다고 하는 스톤헨지가 있으며, 태양의 빛을 받아 그림자를 만들어, 1년 동안 하루의 길이가 변화하는 것을 나타내고 있다.

스톤헨지에 있는 원주 중 하나에는 정확한 숫자가 기입되어 있던 흔적이 있고, 여성의 월경주기의 길이나 임신하기 쉬운 시기를 계산할 수 있도록 되어 있다고, 시간생물학자 수 빙클리는 보고하였다.

또 3200년 전에 건설된 아부심벨 신전의 벽에는 24마리의 비비(긴꼬리원숭이과의 동물)가 조각되어 있으며, 파라오와 람세스 2세의 신전 입구를 지키고 있다.

이들 비비는 하루의 길이인 24시간을 나타내고 있는데, 이것은 고대 이집트인이 3600년 전에 고안해 낸 시간이라고 하는 단위의 관념이다. 비비가 상징하고 있는 것은 파라오의 24시간 지배를 뜻하지만, 당시의 이집트인들이 비비는 1시간마다 배뇨를 한다고 믿고 있었던 데에서 비롯되었다.

단, 현재 비비의 생태연구를 하고 있는 전문가들에 의하면, 1시간에 1번이라는 것은 조금 빈도가 많다고 한다.

또한 구약성경의 전도서에도, 우리들의 선조가 주기성을 알고 있었다고 생각되는 기술이 있다. '하늘 아래, 모든 것에는 계절이 있고, 모든 일에는 정해진 시간이 있다' 또 '태어나야 할 때, 죽어야 할 때, 그리고 치유 받아야 할 때도 있다' 라고.

생체시계라고 하는 관념은 결코 새로운 것이 아니다. 17세기, 영국 작가인 로버트 버튼은 "우리들의 몸은 마치 시계와 같다. 톱니바퀴 중 하나가 고장이 나면 모든 상태가 나빠지고, 뼈대 전체가 병에 걸린다. 인간이라고 하는 것은 칭찬에 대한 예술적인 조화로 구성되어 있다"라고 했다.

20세기 초반, 미국의 의사들은 여러 가지 질병의 진찰을 통해 특정 시간에 특정한 증상이 나타난다는 사실을 파악하고 있었다.

예를 들어 저녁 늦게 왕진 의뢰가 있으면, 환자의 소화성 궤양이 악화한 것이 아닌가 하고 예상했다. 만약 새벽이라면, 천식 발작으로 괴로워하는 환자이거나 출산 직전의 임산부의 진찰이라고 예측했다. 아침이라면 심장마비일 것이라는 식이다.

현재, 소화성 궤양에 걸린 사람은 위 전문의들이 담당한다. 호흡에 장애가 있는 사람은 알레르기 전문의나 폐 전문의의 진찰을 받고, 가슴에 통증을 느끼는 사람은 심장전문의의 진찰을 받는다. 출산도 현재는 자연분만이 거의 없어지고 인공적으로 유발시키는 일이 많아졌다. 밤이 아닌, 임산부나 의사의 형편에 맞춰 낮에 출산한다. 구급차로 병원에 가는 것은 증상이 무거운 임산부뿐으로, 병원은 24시간 체제로 낮밤의 구별 없이 환자들을 받아들이고 있다.

즉, 생체시계를 중시하지 않게 된 것은 비교적 최근의 경향인 것이다. 각 질병마다 전문화가 진행된 결과, 건강과 질병에 대한 생체시계의 중요성과 보편성을 의사들이 인식하지 못하고 경시하게 되어 버린 것이다.

의학의 진화 과정에는, 이전에 널리 퍼졌던 지식이 묻혀 버렸다가, 나중이 되어 재인식되는 경우가 종종 있다.

생체시계의 리듬은 최근 다시 주목을 받기 시작하고 있다. 하지만 더욱 폭 넓게 받아들여지기 위해서는, 여러 가지 선입관이나 편견을 버리지 않으면 안 될 것이다.

1925년의 미국에서는 4명 중 1명의 비율로 농장에 사는 사람이 많았다.

그들은 태양과 함께 일어나서, 낮에 일을 했으며, 어두워지면 잠에 든다고 하는 생활을 하고 있었다. 봄이 되면 씨앗을 뿌리고, 여름이 되면 농작물을 돌보고, 가을이 되면 수확했다. 하루, 그리고 1년이라고 하는 자연의 주기가 사람들의 매일 매일의 생활을 형성하였으며, 심지어 지금도 적용되고 있는 것으로 1년에 9개월은 학교의 학기로 한다는 제도가 정해지도록 하였다.

그해 1925년에 하버드대학의 위대한 생리학자 월터 캐논은 '호메오스타시스(homeostasis)' 즉 '항상성(恒常性)'의 원리를 제창했다.

캐논은 프랑스의 생리학자 클로드 베르나르의 연구를 활용하였다.

바로 1885년에 베르나르가 주창했던, "몸은 내부 환경(milieu interieur)에 있어서 동일한 상태를 유지하려고 한다"라고 하는 제안이었다. 그가 주장했던 것은 「여러 가지 요구에 응하여 몸은 균형을 유지하기 위해 미세한 조절을 하고 있다」고 하는 생각이었다. 목이 마르면 물을 마시고, 더우면 땀을 흘리는 등의 반응을 말하는 것인데, 여기까지는 문제가 없었다. 건강이라는 것은 균형이 가져오는 산물이라고 하는 생각은 고대로까지 거슬러 올라가도 찾을 수 있는 사실이기 때문이다.

어쨌든 그의 연구 성과는 곧 여러 의학 분야에 적용되어, 자신의 이름처럼 캐논(canon, 규범) 또는 원리의 하나가 되었다.

'호메오스타시스' 즉 '항상성'이라고 하는 사고방식은, 현대에도 의학대학의 수업에 있어서 원리원칙에 가깝게 받아들여지고 있다. 이 관념이 광범위에 걸쳐 지대한 영향을 끼친 것이 계기가 되어, 그 후의 의사들은 주기성(週期性, rhythmicity)이 몸의 기능을 좌우한다는 사실을 간과하게 되었다.

'호메오스타시스' 즉 '항상성'이라고 하는 관념의 결점은 그 불완전성에 있다.

몸이 어떠한 작용을 하는가를 설명함에 있어서, 분명히 사실을 말하고는 있다. 그러나 그것이 전부는 아니라는 것이 문제인 것이다.

어떤 사람도 몸의 기능은 하루 24시간 언제나 변화하고 있으며 멈추는 경우는 없다. 체온이나 혈압, 맥박, 호흡 횟수, 혈액 안의 호르몬의 양, 통증에 대한 감수성 등 모든 기능은 멈추는 일 없이 변화하고 있는 것이다.

이러한 변화는 인간의 활동이나 휴식의 주기에 호응해 일어나고 있다. 게다가 여성의 월경주기에도 영향을 미치며, 성별에 상관없이 인간의 몸 그 자체에 커다란 영향을 미치며, 나이를 먹는다고 하는 시간의 경과는 더더욱 변화를 가져온다.

이러한 변화는, 단순히 미세한 조절의 과정을 반영하는 것뿐만은 아니다.

알고 있겠지만 생체시계에는 천 가지 이상의 기능이 있다. 하나하나의 악기가 모여 오케스트라를 만드는 것처럼, 하나하나의 기능은 각각 다른 역할을 갖고 있다. 오케스트라에서는 하나하나의 악기가 각각의 악보에 따라 음을 연주한다. 소리는 작아졌다가 커지며, 템포도 빨라졌다 느려졌다 한다. 상황에 따라서는 곡조가 변형되는 일도 있다. 그리고 모든 악기의 연주되는 소리가 잘 조화되었을 때, 음악도 한층 좋은 음악을 들을 수 있는 것이다.

요컨대, 우리의 몸 안에는 항상성과 변화가 공존하면서 하나의 통일성을 유지시켜 온전한 신체적 기능을 유도한다고 말할 수 있겠다.

체온은 하루 3번 변화한다

간단한 예를 들어보자. 점심시간이 가까워오면, 두뇌는 그것을 예측하여 먹을 것을 생각하기 시작한다. 동시에, 위가 꼬르륵 소리를 낼지도 모른다. 그리고 소화를 돕는 효소가 분비되며, 위는 주문한 샌드위치를 소화하기 위한 준비를 시작한다. 한 입 먹기 전에, 소장은 인슐린이나 글루카곤 등의 호르몬을 생산하기 시작한다. 음식물로부터 에너지를 흡수하기 위해서이다.

캐논은 체온이나 혈압의 상승과 하강을 포함한 몸의 변화에 대해서 기록했다.

하지만 그는, 이러한 변화는 라디오의 다이얼을 돌릴 때에 들리는 잡음과 같은 것으로, 수면이나 몸이 움직이는 것, 식사 등의 불규칙한 습관이 불러일으키는 것이라고 생각했다.

그는 몸이 일으키는 변화를 하루의 시간대에 맞추어 보지 않았던 것이다. 그는 이러한 변화가 의미하는 것은, 무엇인가 이상이 있을 때라고 생각했다. 즉, 그는 '정상'이라고 인정할 수 있는 기준에서 벗어난 경우라고 생각한 것이다.

물론, 몸의 커다란 변화는 중요한 일이다. 예를 들어 체온이 40도가 되었다면 무엇인가 병에 걸렸다고 생각할 수 있다. 하지만, 거의 상식이라고 생각되는 37도의 체온은 사실 정상적인 체온이라고 하기는 힘들다.

이 수치는 단지 평균일 뿐, 체온은 하루 동안 35도에서 38도 가까이까지 변화한다. 보통, 체온이 가장 낮아지는 때는 깨어나기 3시간 정도 전이다. 밤에 잠이 들어 아침 7시에 일어나는 사람이라면, 아침 4시나 5시 정도가 가장 체온이 낮다. 그리고 눈 뜨기 전부터 체온은 상승을 시작해 이른 오후에 안정을 되찾는다. 오후 늦은 시간이 되면 조금 내려가고, 그때부터 다시 오르기 시작해 오후 7시경에 최고가 된다.

만약 아침 4시에 체온이 37도였다면, 정상이 아니라 열이 있는 상태이다. 엄밀하게는, 정확한 측정이 가능한 체온계를 사용해 하루에 몇 번이나 체온을 재어 본 연구에 의하면, 하루를 통해 젊은 사람의 평균 체온은 36.5도였다.

아침에 눈을 뜨고 일어나기 전에 체온을 재고, 2시간마다 재어 본다면 자신의 체온의 변화를 알아낼 수 있다. 하루를 통해 체온이 어떻게 변화하는지를 관찰하는 것은, 시간생물학의 연구에서도 가장 널리 쓰이는 방법이다.

생체시계로 볼 때, 지금 어떤 시간인지를 알아내는 편리한 방법이며, 몸의 다른 기능과 비교해도 알기 쉬운 기준으로서 채용되고 있다.

캐논이 활동했던 시대는, 24시간에 걸쳐 여러 가지 몸의 수치를 간단히 측정할 수 있는 기술이 없었다. 당시는, 호르몬의 양을 조사하기 위해 500밀리리터의 혈액을 필요로 했다. 지금은 거의 한 방울로도 충분한 시대이다. 게다가 스트레스의 정도를 알 수 있는 호르몬인 코티졸은, 아침에 언제나 일어나 있는 시간이 되면 밤의 12배나 분비된다는 사실은 지금의 전문가들이라면 누구나 알고 있는 사실이다.

낮에 잠을 자는 야간 근로자의 경우에는, 오후 눈을 뜰 때에 가장 코티졸의 분비가 많아진다.

이와 같이, 혈압도 하루 동안 변화한다.

보통, 오후 늦은 시간이 되면 혈압은 아침에 비해 20% 정도 높아진다. 그래서 혈압이 높은 것을 걱정하여 오후 늦은 시간에 진찰을 받으면, 의사는 혈압이 높다는 사실을 사실보다 더 심각하게 받아들일지도 모른다. 반대로 언제나 아침 진찰을 받는다면, 증세의 정도가 가볍다고 진단할 수도 있을 것이다.

그러면 진찰의 시간을 매번 바꾸어 보면, 의사는 치료가 제대로 효과를 발휘하고 있는지 어떤지에 대해 고민할 수도 있는 것이다.

호메오스타시스(항상성)의 관념으로부터 시간 생물학으로

호메오스타시스라고 하는 관념에도 정당성은 있다.

호메오스타시스의 사고방식에서 보면, 몸이 일시적으로 체내 환경의 변화에 직면하게 되면, 경이적인 수정 능력을 발휘한다고 한다.

시간생물학에서는, 매일의 생활 가운데 몸의 변화에 적절히 반응하는 것을 돕는 것이다. 이러한 변화는 눈을 뜰 때나 수면 시, 식사 시 뿐 아니라. 여성의 경우 월경 시에 일어나는 호르몬 양의 변화로도 일어난다.

보통, 체온이나 혈압, 세포분열이나 그 밖의 몸의 기능은 안정치를 나타내고 있다. 안정치에는 '정상한계치(normal limits)'가 설정되어 있는데, 일 년, 하루, 월경주기 등의 기간 사이에 심하게 변화한다.

하지만 캐논은, 호메오스타시스라고 하는 관념을 형성했을 때 일상생활에만 집중해 버렸던 것이다. 월경주기 같은 장기적인 사이클이나 일 년 사이의 변화를 놓쳐 버린 것이다.

이러한 패턴은, 인간보다도 동물을 잘 관찰하면 간단하게 이해할 수 있다. 예를 들어, 1년의 어떤 시기에만 번식을 하고, 겨울에는 체모나 깃털이 두꺼워지고 몸 색깔이 어두워지고, 계절마다 변화하는 일조시간에 대응하는 동물들이 있기 때문이다.

이와 같이, 인간도 일 년간의 변화가 있다.

미국에서 출산이 가장 많아지는 시기는 여름이 끝날 무렵인데, 비슷한 위도에 있는 국가나 지역에서도 이와 비슷한 경향을 보인다. 미국 정부의 통계전문가들이 과거 60년 이상에 걸친 출산기록을 조사한 결과, 다른 달에 비해 8월에 태어나는 아이들의 수가 가장 많았다. 이어서 7월과 9월이 많았고, 7월이나 9월이 가장 많았던 해도 있었다.

1998년에는 7월이 가장 많았고, 가장 출산이 적었던 2월보다 4만 7천 건의 출산 증가가 있었다. 출산수는 계절에 따른 섹스의 변화 수치와 비례하고 있다. 아마도 남성의 성적충동을 높이는 호르몬인 테스토스테론의 분비가, 가을의 끝 무렵에 많아지는 것과 관계가 있을 것이다. 또, 이러한 호르몬의 분비에 의한 충동의 고조는 일조량의 변화도 고려해 볼 필요가 있을 듯하다.

한명 한명의 가치관이나 문화적 배경에는 여러 가지 개인차가 있음에도 불구하고, 1년 동안을 통해 보이는 리듬이나 패턴은 현저하게 나타난다.

서기 2000년, 매월의 출생률에 변화가 있었는지 없었는지는 매우 흥미 깊다.

왜냐하면, 1999년의 4월 1일은 2000년 1월 1일에 태어나는 '밀레니엄 베이비'를 낳는데 가장 좋은 날이라고 넓게 알려졌기 때문이다.

확실하게 임신하는 방법이 인터넷 상에 넘쳐났다. 전 세계의 신문이나 잡지가 낭만적인 식사와 호텔 방에서의 생활을 제안하면서, 2000년 1월 1일에 아이를 낳는 커플에게는 호화로운 선물을 제공하겠다고 광고하기도 했다.

여름에 태어나는 아이가 가장 많은 것이, 여름이 신생아를 무사히 기르는 것을 쉽게 하는 역할을 하던 시대도 있었다.

여름에 태어나면 수확 시기에 충분히 먹을 것을 확보할 수 있다. 모유를 제공하는 어머니가 영양을 보충할 수 있는 것이다. 또 따뜻한 계절인 편이 혹독한 추위 속에서 보내는 것보다는 위험이 적다. 게다가 여름은 겨울보다 바이러스가 적기도 하다.

지금도, 여름에 태어나는 아이들은 다른 계절에 태어나는 아이들에 비해 체중이 무겁다고 알려져 있다. 여름에 태어나면 처음부터 건강하게 기르기 위한 유리한 조건이 갖추어지는 것이다.

이상한 일이지만, 봄에 태어나는 남자아이는 성인이 된 이후에 가을에 태어난 아이들보다 조금 키가 큰 경향이 있다. 그 차이는 불과 6밀리미터에 불과하지만 매우 흥미 깊은 사실이다. 왜냐하면, 이 사실은 성장에 빠뜨릴 수 없는 호르몬의 분비량이 1년 사이에 변화한다는 사실을 알려주기 때문이다. 이것은 이전 오스트리아에서 18세의 남성 5만 명이 강제 징병되었을 때의 기록을 조사하여 알아낸 사실이다. 봄에 태어난 아이들은 임신 기간이 여름이라는 이야기인데, 오스트리아에서는 8월의 일조량이 가장 길다.

태양광선이 아이들의 발육과 신장에 어떤 영향을 미치는지는 밝혀지지 않았지만, 단순하게 생각해서 태양광이 풍부하면, 다른 달보다 과일이나 야채가 풍부한 것은 분명하다. 이로 인해, 임신한 여성이 충분히 영양을 보급 받을 수 있었던 결과라고 생각해 볼 수도 있다.

한편, 병의 발병에도 계절에 따른 변동이 있다. 예를 들어 정신분열병(schizophrenia)에 걸릴 위험은, 2월과 3월에 태어난 사람이 높은 편이고, 8월이나 9월에 태어난 사람은 낮다.

이것은 1935~78년 사이, 어머니가 덴마크인인 신생아 175만 명을 덴마크의 연구자들이 조사한 결과 밝혀진 사실이다. 조사에서 정신분열병에 걸린 2,700만 명의 생일을 도표로 만드는 방법을 사용했다.

뇌의 발달에 영향을 끼치는 많은 위험인자들이, 정신분열병의 원인이라고 생각되고 있다. 그 중에서도 중요시되고 있는 것이 유전적 요인이지만, 그것이 전부는 아니다.

그 외의 원인도 생각해 볼 수 있다. 예를 들어, 겨울 사이 감염성 바이러스에 걸리거나 하는 것이 그렇다. 여기에는 1년 동안의 리듬이나 주기가 있는 것인지도 모른다. 즉, 매년 같은 시기가 되면 특정한 바이러스에 대한 면역성이 떨어지기 때문일 가능성도 있다.

 ## 「시간생물학」은 성별에 의한 반응의 차이로도 구분할 수 있다

시간생물학이 시민권을 얻음에 따라서, 의학적인 연구의 영역이 여성을 대상으로까지 넓히기 시작한 것은 의의가 상당히 크다.

왜냐하면, 20세기가 끝날 때까지 동물이나 인간에 관한 연구가 대상으로 하고 있었던 것은 '수컷'이나 '남성' 뿐이었기 때문이다. 연구를 진행해 왔던 연구자들은, 여성에게는 특유의 생식 호르몬이 일으키는 월경주기가 있기 때문에, 객관적인 자료를 수집하여 분석하는 것이 어렵다고 생각했기 때문이다.

알기 쉬운 결과를 도출하기 위해서는, 조건이 균일하게 되는 연구대상이 편리하다. 그래서 생식체계의 연구 이외에 여성에 대해 연구하는 것은 거의 드물었다. 남성을 대상으로 한 연구 결과는, 누구에게도 적용 가능하다고 주장하는 사람이 대부분이었다.

그 결과, 주요 연구에 있어서 인구의 절반이 무시되어 버렸다. 예를 들어 1980년대에 연방정부가 지원한 연구 중 하나는, 식사나 운동, 그 외의 생활태도를 바꾸는 것이 심장병의 예방에 도움이 되는지의 여부를 조사했다. 이 연구는 36만 명의 남성을 대상으로 하였지만, 여성은 대상에서 제외되어 있었다.

이 연구는 '다중위험인자 개입시험(Multiple Risk Factor Intervention Trial)' 또는 MRFIT라고 줄여서 불리는데, 이 명칭 자체에서 한 쪽으로 치우쳤다는 것이 나타나고 있다. 겨우 최근에 들어서, 의사들은 남성과 여성은 심장병의 증상에서 커다란 차이를 보인다는 것을 인정하기 시작했다.

'고전적'인 입장으로만 판단하여 질병의 실체를 보지 못한 탓에 심장발작을 일으킨 여성의 치료가 늦어지거나, 의사가 위험하다고 판단하지 않은 경우도 있었다. 예를 들어 가슴에 통증을 느낀 경우, 지금은 이것은 남성 특유의 증상이라고 간주되고 있다.

1984년, 미국의 국립노화연구소(NIA)는 남성만을 대상으로 한 『노화에 관한 볼티모어 장기(長期) 연구』라는 보고서를 출간했지만, 이 연구소는 이 보고서를 '보통 인간들의 노화'라고 말하고 있다.

지금 전문가들은 이러한 관점이 근시안적인 태도라는 것을 깨닫고, 바꾸기 위해 노력하고 있다.

1990년에 국립보건연구소(NIH)에 부인보건연구과가 신설되고, 1993년에는 국립보건연구소활성화법이 대통령에 의해 비준되어, 국립보건연구소가 자금을 제공하는 모든 임상실험에 여성과 소수 민족을 대상에 포함시키게 되었다. 이 법률은, 비용이 늘어난다는 이유로 이들 양자를 제외해서는 안 된다는 취지가 기록되어 있다.

여성이라면 시간의학에 특별한 흥미를 느낄 수도 있다. 지금까지의 의학 연구에서 여성이 제외되어 왔다는 이유뿐 아니라, 여성이라면 누구라도 몸에 자연적인 주기가 있다는 사실을 생리상 잘 알고 있기 때문이다.

또 남성이라 할지라도, 당신의 몸이 일정한 주기나 리듬에 따르고 있다는 사실을 깨닫고 놀라워할 것이다. 일상생활의 모든 기능, 즉 잠자는 것, 일어나는 것, 일하는 것, 운동하는 것 등은 모두가 생체시계에 의해 조절되고 있기 때문이다.

 ## 「시간의학(chronomedicine)」은 지금 곧 실용화되어야 할 개념

이만큼이나 시간의학에 대한 연구가 진행되고, 성과도 실증되어 왔지만, 많은 의사들은 변화를 좋아하지 않는다. 이것은 적극적으로 시간의학을 인정하지 않는 것이 아니라, 단지 타성만이 큰 장애가 되고 있다. 아무도 자신이 처음으로 '임금님은 벌거숭이다'라고 말하고 싶지 않은 것뿐이다.

만약 시간의학을 전면적으로 채용하게 된다면, 많은 의사들은 현재의 진단, 처방 방식 등을 크게 바꾸지 않으면 안 된다. 환자를 평가하는 '기준'도 바꾸지 않으면 안 된다. 진료 기록부에는 어떤 징후나 증상이 나타났는가뿐 아니라, 언제 진찰을 했는지도 기록하지 않으면 안 된다.

혈액이나 소변, 그 외의 몸의 조직을 채취하여 조사를 할 때에도, 그것이 언제 실시된 것인지 주의하지 않으면 안 된다.

무엇인가의 검사도 낮에 하는지 밤에 하는지 시간을 지정하지 않으면 안 될 것이고, 환자에게 약을 처방할 때에도 복용하는 시간까지 지시해야 할 것이다. 또한, 하루 시간이 미치는 영향을 고려하여 의사 자신의 판단력이나 능력도 파악해 두지 않으면 안 된다. 언제 민감하고, 언제 피곤한가 등의 주기를 주의 깊게 관찰하지 않으면 안 되는 것이다.

이러한 의무나 새롭게 필요해지는 수고는 늘어난다. 하지만 이것은 필요한 것이다.

의학의 진화 과정에서, 그리고 다른 분야에서도, 새로운 제안을 한 사람들은 비웃음을 사거나 부정되어 왔다. 하지만 몇몇 사람들은 이를 긍정적으로 생각하고, 흥미를 나타내고, 이것이 올바른 사실이라는 것을 증명하기 위한 증거를 보여달라고 이야기하기 시작한다.

그리고 증거가 늘어나면, 그것을 실험해 보는 사람이 늘어 가는 것이다. 그런 과정을 거쳐 새로운 생각이나 방법이 시민권을 얻게 된다.

예를 들어 2백 년 전, 프랑스에서 처음 청진기가 고안되었을 때,

▶ 최고의 시간(THE BETTER OF TIMES)

11시 섹스 빈도가 가장 많아진다

9시 멜라토닌의 분비가 시작된다

8시 알코올에 대한 저항력이 가장 높다
육상 또는 수영 성적이 가장 좋게 나온다

7시 체온이 가장 높아진다

6시 미각이 가장 예민해진다

5시 폐에 질병을 앓고 있는 사람은,
호흡하기 가장 쉬워진다
근육의 강도와 유연성이 가장 좋아진다
폐와 심장의 효율이 가장 좋아진다
대부분의 스포츠에 있어 최적의 연습시간

4시 반응 시간이 가장 짧아진다

3시 본격적으로 낮잠을 자기 가장 좋다

2시 눈과 팔의 협조가 가장 좋아진다

(오전)

1시 자연스러운 분만 진통이 가장 일어나기 쉽다

2시 가장 깊게 잠든다

3시 피부의 복구가 가장 빠르다

4시 자연분만이 가장 많다
4시 반 체온이 가장 낮아진다

5시 반 꿈을 가장 많이 꾼다

6시 코티졸의 분비가 가장 많다
인슐린의 분비가 가장 많다
키가 가장 크다

7시 혈압과 맥박이 높아진다
7시 30분 남성의 테스토스테론(정소에서 분비되는
남성호르몬)이 가장 많다

8시 멜라토닌의 분비가 정지한다
8시 30분 장의 움직임이 가장 활발하다

9시 체중이 가장 가벼워진다

10시 지력의 민첩도와 각성도가 높아진다

2
(후)

많은 의사들이 이를 비웃었다. 또, 몇 세기 동안이나 외과의들은 수술 전에 손을 씻지도 않고, 수술을 끝낸 뒤에야 손을 씻는 습관도 있었던 것이다.

시간의학이라고 하는 새로운 개념이 변화를 낳고 있다. 이 책이 많은 비난이나 저항을 넘어서기 위해 도움이 된다면 기쁜 일이다.

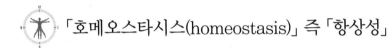

「호메오스타시스(homeostasis)」 즉 「항상성」

호메오(homeo)는 '동일한', 스타시스(stasis)는 '상태'를 의미한다. 생물체의 체내 각 기관이, 외부환경(기온 · 습도 등)의 변화나 주체적요건의 변화(자세 · 움직임 등)에 반응하여, 통일적 · 합목적적인 체내환경(체온 · 혈류량 · 혈액성분 등)을 어느 일정범위로 유지하는 상태, 또는 기능을 나타낸다. 포유류는, 자율신경과 내분비선을 중심으로 일어난다. 그 뒤, 정신내부의 균형에 대해서도 의미하게 되었다.

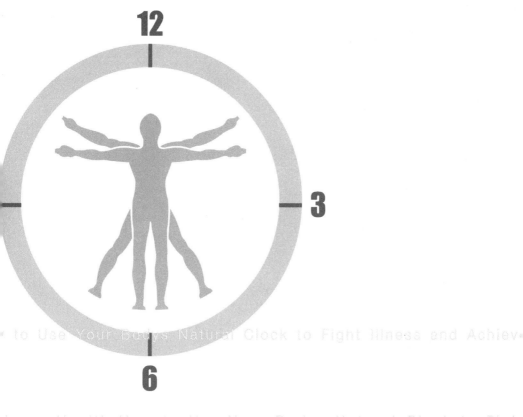

ss and Achieve Maximum Health How to Use Your Bodys Natura

21세기의 향상된 건강   13장

ck to How to Use Your Bodys Natural Clock to Fight Illness and

eve Maximum Health How to Use Your Bodys Natural Clock to

t Illness and Achieve Maximum Health How to Use Your Body

대략 2,000명 이상의 시간의학 의사들은 정기적으로 당신의 증상이 하루 동안, 매달, 연중으로 어떻게 상승과 하락을 하는지 당신에게 물어볼 것이다. 당신의 시간기록은 당신 의료기록의 전형적인 부분이 될 것이며, 질병들을 초기에 치료 가능 단계에서 규명하는 것을 도와 줄 것이다.

당신의 의사는 최적의 생물학적 시간대에 검사 스케줄을 잡을 것이며, 하루 중의 시간대별 표준 수치와 관련하여 검사 결과를 해석할 것이다. 더 많은 의사의 진료실과 외래 환자 병원에서 저녁이나 야간에 진료 예약을 받게 될 것이다.

당신은 심박 속도, 혈압, 체온, 호르몬 리듬 그리고 당신의 특정적인 건강상의 필요성과 관련된 다른 신체적 기능들을 지속적으로 점검하기 위해, 초미니 센서(microsensor)를 착용하거나 아니면 당신의 피부 밑에 이식할 수도 있을 것이다. 당신은 이 정보를 수집하기 위해 특별한 스캐닝 장치를 사용할 것이다. 이것은 현재 상점에서 사용되는 바코드 판독기와 같은 것으로서, 분석을 하기 위해 전화로써 의사의 진료실로 통보된다.

미래에는, 당신은 또한 오늘날 대부분의 사람들이 하는 것보다도 더 능동적인 역할을 당신 자신의 건강관리에서 행하게 될 것이다. 당신은 집에서 질병 활동의 리듬을 도표로 만들고, 다양한 신체적 기능의 자가 검진을 수행하게 될 것이다. 시카고 소재 일리노이대학병원에서 수행된 한 연구는, 장기간 지속성의 고혈압을 가진 사람들이 스스로 그들의 수치를 검사할 때 더 좋은 조절이 가능하다는 것을 보여 준다. 참가자들은 하루에 세 번 집에서 사용하기 쉬운 전자 장비를 가지고 자신들의 혈압을 측정했다. 즉 아침에 일어나서 약물을 복용하기 전, 약물이 효력을 발휘하기 시작한 후 몇 시간 지난 때 그리고 저녁이었다. 점검 장치는 컴퓨터 모뎀이 내장되어 있어서, 전화선을 통해 인터넷의 안전한 사이트로 전송되었다.

그 병원에서, 전문 간호사 메리 본드머스는 그것들이 도착하는 대로 결과를 검토했다. 그는 각 환자의 나날의 유형과 얼마나 치료가 잘 되고 있는지에 관해서 그것이 보여 주는 것을 관찰했다. 그는 이후 환자의 의사와 협력하여 필요한 대로 약물을 조정했다. 그는 또한 다이어트를 향상시키거나 또는 라이프스타일을 변경시키는 방법을 제시했다. 한 달 안에, 환자들은 직전의 일 년 동안 약물을 사용했음에도 불구하고 잘 듣지 않았던 혈압을 조정할 수 있었다. 그들은 남아 있는 두 달간의 연구기간에도 자신들의 혈압을 낮게 유지했다. 의사들이 수년간 고혈압이 있는 것으로 생각한 열 명의 환자 중 대략 한 명은, 단지 의사를 방문하는 것만으로 혈압이 오르는 '흰 가운 고혈압증(White coat hypertension)' 만을 가진 것으로 판명 났다. 그들은 자신들의 수치를 집에서 측정할 때는 혈압이 정상이었던 것이다.

 ## 컴퓨터가 시간의학을 촉진시킨다

미래에는, 당신을 위한 가장 좋은 타이밍과 약물 투여량을 결정하기 위해 의사들이 컴퓨터를 더 많이 사용할 것이다. 그들은 당신이 수집하는 건강 정보에다 그들이 당신의 질병에 대해서 이해한 것 그리고 그것을 조절하는 리듬 및 세계에 널려 있는 학술적 문헌의 방대한 데이터베이스를 통합할 것이다. 그렇게 함으로써, 그들은 어떻게 신체가 다양한 약물에 반응을 일으켜서, 약물을 조직으로 가져가 분해한 다음 분비를 하는지, 그것에 대해 하루에 걸쳐 나타나는 차이점을 저울질해 볼 것이다. 그들은 이 정보를 당신의 구체적 환경에 응용할 것이다.

당신은 하루에도 여러 번 알약, 물약, 주사, 또는 흡입기의 사용과 같은 복잡한 투약 스케줄의 번거로움에 직면하지 않을 것이다. 시간의학적으로 고안된 약품들이 좀 더 광범위하게 이용될 것이다. 제약업자들은 약물을 정확한 시기에 정확한 양을 제공하기 위해 새로운 생체적합물질(biomaterial)을 더 많이 사용하게 되므로, 신체 내의 활동적인 질병 지점만을 정확히 표적으로 삼을 수 있을 것이다. 당신은 아침에 복용해서, 당신이 그 약물을 가장 필요로 하는 때인 그날 늦게 약효가 나타나기 시작하는 알약을 복용할 수 있을 것이다. 당신은 일주일 동안 지속되는 알약을 아침에 복용할 수 있을 것이다. 당신은 질병의 활동과 부작용에서의 일상적인 리듬을 이용하여, 시간대에 따라 저런 때는 많게, 또 이런 때는 적게 분해되는 알약을 월요일에 복용할 수 있을 것이다. 일부 약품들은 월경 주기 동안, 심지어 일 년 내내 이런 식으로 작용할 것이다.

만일 당신이 당뇨, 천식, 심장병, 또는 기타 만성적인 질병들을 가지고 있다면, 당신은 하루 중 매분마다 약물 투여 및 혈압 검사를 수행하면서, 당신이 필요로 하는 정확한 양을 조제하는 손목시계 모양의 작은 컴퓨터를 착용할 수 있을 것이다. 당뇨가 있는 사람은 식사 직전이나 운동 중에 자동적으로 인슐린이 투여되는 장치에 의존하는 것도 가능할 것이다. 천식이 있는 사람은 한밤중에 기도가 좁아지는 것에서, 그리고 심장병을 가진 사람은 이른 아침에 혈압이 갑자기 상승하는 것에서 보호될 수 있을 것이다. 호르몬 분배 방식은 사전에 프로그램 된 펄스(pulse)에 따라 호르몬을 제공하되, 신체의 자연스런 분비 유형을 모방하게 될 것이다. 예컨대 성장 호르몬은 수면이 초기 단계에서 분비되고, 코티졸은 인간의 통상적인 기상 시간 전에 분비될 것이다. 이러한 진전으로 인해 만성적인 질병을 가진 사람들은 보다 더 오랫동안 건강하게 살 것이고, 보다 더 정상적인 삶을 행복하게 영위할 수 있을 것이다.

 ## 모든 사람이 「시간 생각」을 할 것이다

건강 및 질병과 같은 일상사에서, 우리 모두는 신체 리듬에의 적응도가 더 올라갈 것이다. 우리는 직장에서 생산성을 높이고, 학교에서 더 많이 배우며, 최대한의 운동 효과를 얻고, 또한 우리의 여가 시간을 충분히 만끽하기 위해서, 우리의 가장 좋은 시간대를 이용하게 될 것이다. 우리는 함께 할 동료의 아침과 저녁의 선호도를 평가해서, 얼마나 그것이 우리 자신의 시간 유형과 맞물리는지 고려할 것이다. 우리는 직업 선택과 자녀 양육 및 가족의 삶을 구축하는 데 있어서 시간 유형에 좀 더 민감해질 것이다.

우리는 더 많은 시간의학 교육을 필요로 한다

이상과 같은 발전은 더 이상 공상 과학의 산물이 아니다. 오늘날 많은 것들이 가능성이 높거나 또는 거의 그렇게 될 수 있다. 그렇지만, 이런 것들이 성공하기 위해서는, 건강 종사자들을 위한 의료적 최신지식의 갱신을 통하여, 초기 단계서부터 모든 수준의 교육에서 변화를 요구한다. 그것은 또한 뉴스 미디어를 통한 일반 대중과의 지속적인 상호 정보 전달을 필요로 한다.

시간생물학과 시간의학은 이미 꽉 차 있는 의과대학 교과과정에 별개의 과정으로서 끼워 넣을 필요는 없다. 세포 수준에서 완전한 사람에 이르기까지 신체의 모든 측면은 시간생물학적 요소를 가지고 있다. 훌륭한 교원들은 이 정보를 쉽게 그들의 현행 강의에 통합할 수 있으며, 학생들에게 생물학과 의학의 모든 분야에 걸쳐서 생물학적 시간의 편재성(遍在性, ubiquity)을 보여줄 수 있다.

교수들은 신체가 항상성(homeostasis), 즉 내적인 항구성을 위해 노력한다는 그들의 고정 관념을 간단히 불식시킬 필요가 있다. 그들은 대신 신체가 예측가능성(predictability)을 위해 노력한다는 것을 인정할 필요가 있다. 우리 생물학의 '시간' 적 측면이 우리로 하여금 햇빛이나 주변 온도와 같은 외부 세계에서의 변화 및 우리의 평생에 걸친, 하루, 한 달, 연중으로 이뤄지는 활동, 식사, 수면의 스케줄을 포함하는, 우리 내부에서의 변화를 예측하게 만들어 준다. 1999년 설립된 미국 시간의료학회(American association of

Medical Chronobiology and Chronotherapeutics)의 구성원들은 강의, 심포지엄, 그리고 학술적인 출판을 통해서 생체 시계에 대한 동료들의 의식을 높이는 데 총력을 기울일 것이다.

2000년 무렵의 의료 관행은 머지않아 '결함이 많았던 구시대'로 기억될 것이다.

이 책은 매우 잘 씌어졌고, 권위가 있는 안내서이기에, 어떻게 해서 생물학적 시계가 우리의 건강과 일상적인 삶에 영향을 미치는지에 관심이 있는 모든 사람들의 필독서이다.

티모씨 H. 멍크(과학박사, 심리학교수, 피츠버그대학 시간생물학 연구 프로그램 총책임자)

지은이

마이클 스몰렌스키(Michael Smolensky)

의학박사. 휴스턴 소재 텍사스대학의 건강학센터 소속인 헤르만 병원에서 시간의학센터의 총 책임자로 있다. 그의 센터는 미국 내에서 몇 안 되는 건강 및 질병의 생체 시간에 초점을 맞추는 연구기관 중의 하나이다. 환경학의 종신교수인 그는 또한 학술지《Chronobiology International》의 공동 편집인 중의 한 명이기도 하다. 그는 미국의사협회(The American Medical Association)의 시간의학 고문으로 있으며, 텔레비전과 라디오에 자주 출현하는 전문적인 해설자이다.

린 램버그(Lynne Lamberg)

생물학적 리듬과 수면에 대해서《The Journal of the American Medical Association》및 주요 신문과 잡지에 기고를 하고 있다. 이것은 그녀의 여섯 번째 책이다.

옮긴이

김수현

1964년 강원도 인제에서 태어났다. 미8군 안과에서 근무한 바 있으며, 서울대학교 대학원에서 언어학 석사학위를 취득했다. 지금은 역사비교언어학을 연구 중에 있다.

일 · 건강 · 인간관계_최고조일 때는 몇 시인가?

마법의 생체시계

지은이 | 마이클 스몰렌스키/린 랜버그

옮긴이 | 김수현

초판 1쇄 인쇄 | 2005년 8월 1일

초판 1쇄 발행 | 2005년 8월 8일

펴낸이 | 최용선 **펴낸곳** | 도서출판 **북뱅크**

등록 | 제 1999-6호

주소 | 인천광역시 부평구 십정동 418-4 교근빌딩 302호

전화 | (032)434-0174 / 441-0174

팩스 | (032)434-0175 **메일** | bookbank@unitel.co.kr

ISBN | 89-89863-39-2 03320